EL ARTE Y YO EN TIEMPOS DE PANDEMIA EN EL SALVADOR

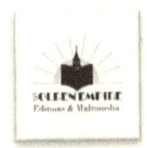

Golden Empire Editions Multimedia Co.
New York

EL ARTE Y YO EN TIEMPOS DE PANDEMIA EN EL SALVADOR

Una producción de Dacxilia S. Deras

Segunda edición revisada por Jessica L. Peña

EL ARTE Y YO
EN TIEMPOS DE PANDEMIA
EN EL SALVADOR

DACXILIA S. DERAS

Y 20 ARTISTAS SALVADOREÑOS

Retro Español
www.geditionsmultimedia.com

Copyright © 2021 by Dacxilia Suleyma Deras de Zavaleta

All rights reserved. The total or partial reproduction of this work, by any means, without the authorization of the author is prohibited. Todos los derechos reservados. Prohibida la reproducción total o parcial de esta obra, por cualquier medio sin la autorización de la autora.

ISBN: 9798810586081

Printed in United States
Abril 2022

Edición, diseño de portada y diagramación de:
"El Arte y yo en tiempos de pandemia en El Salvador", Segunda Edición, 2022.
Golden Empire Editions Multimedia Co.
Queens, New York 11385
www.geditionsmulitmedia.com

Imagen de Portada:
Fotografía por Dacxilia Deras
Locación: Catedral de Santa Ana, El Salvador 2019.

Revisión de Primera Edición:
Marina Sigüenza
Revisión de Segunda Edición:
Jessica Lorena Peña Ramos
Prólogo:
Iván Peñate

Ilustraciones Interiores:
Dinora Segundo
www.dinorasegundo.com
Fotos interiores: Cortesía de cada coautor.

El contenido del libro es responsabilidad de los colaboradores del mismo y, se ha escrito con la finalidad de entretener. Por tanto, el contenido no debe interpretarse como una solución alternativa ante la crisis sanitaria global que se menciona, la cual es nada más para dar un contexto común entre las historias que se relatan.

A la memoria de mi amada abuela Antonia Deras, quien emprendió su viaje un año después de haber escrito este libro.
(1925-2021)

Para mis hijas Mónica y Georgina con amor infinito.

Para mi esposo David quien me ha dado su apoyo incondicional.

Para todos los artistas que perdieron la batalla durante la incansable lucha contra el fatal virus enemigo Covid-19, y a todos los que aún están en pie de lucha creando arte con pasión desbordante y vital dedicación en sus vidas.

AGRADECIMIENTOS

Agradezco a Dios por permitirme tener la claridad para escribir y coordinar este proyecto, por haber puesto en mi camino a personas idóneas con las cuales hicimos el mejor equipo, a mi familia, especialmente a mis hijas por todo su apoyo en los momentos que mi cansancio era evidente, mi esposo por su invaluable apoyo en todo sentido, su amor y paciencia durante todo este proceso, por sus valiosas y alentadoras palabras en cada momento de duda y desánimo, a mis amigos y compañeros coautores que aceptaron formar parte de estas memorias entrelazadas por un mismo sentir y, con el objetivo de crear un legado de literatura testimonial en el contexto de la pandemia en la historia de nuestro país El Salvador.

También, agradezco a Marina Sigüenza por su invaluable apoyo en la primera edición y por sus palabras de ánimo en momentos cruciales durante la dirección de este proyecto editorial, Dinora Segundo por la grandiosidad de su trabajo artístico, quien logró una excepcional empatía y conexión con cada palabra escrita y representó de forma magnánima el sentir de cada uno, Iván Peñate, quien a través de sus extraordinarias y bondadosas palabras del prólogo nos brinda una valoración crítica, edificante y motivadora sobre la obra, Jessica Peña por su oportuna colaboración en la revisión de esta segunda edición y, a ti, mi amigo lector, pues has decidido sumergirte y formar parte de nuestro mundo, a través de la lectura e imaginación. ¡Disfrútalo!

Sule

EL ARTE Y YO EN TIEMPOS DE PANDEMIA EN EL SALVADOR

Cap.	CONTENIDO	Pág.
	Prefacio	01
	Notal de la Autora	05
	Prologo	07
01	Llegando a otro Planeta	19
02	Rescatando a la princesa Mónica	23
03	El desapego duele	27
04	Copos de Nieve	31
05	Zona Cero	33
06	Un Huésped Enemigo	35
07	El mágico mundo de las especias	39
08	Paisajes de cuarentena	49
09	Construyendo memorias	52
	Mensaje a los coautores	57
10	Cuarentena en El Salvador:	
	Rosa Evelia Morales	59
	Evy Analyn Ulloa	66
	Patricia Hernández	72
	María Mercedes Navarro Martínez	75
	Francisco Arturo Alarcón Lemus	78
	Marina García	81
	Tuty Baires	85
	Oscar Pérez	90
	Iris González	94
	Ana Rivera	98
	David Escalante	104
	Miguel Quevedo López	110
	Miguel Ángel Sermeño	112
	William Alexander Chávez Orellana	115
	Luis Fernando Mancía	118
	Sofia Lizet Rodríguez Padilla	122
	Dinora Segundo	124
	Marina Sigüenza	128
	Santiago Vásquez	133
	Karen Silva	137
	Acerca de la Autora	141
	Acerca de los coautores	147
	Tres poemas para recordar	154
	Reseñas de los participantes y lectores	161

PREFACIO

Considerando las circunstancias en las que este libro fue escrito, no hubo un mejor momento para apostar por la unidad y la solidaridad de los integrantes del mismo. Sabiendo a grandes rasgos que el medio artístico en las sociedades muchas veces se ve acotado a una argolla o mesa redonda de personajes que pretenden tener el control y el hilo de cada detalle dentro de las actividades culturales. Nos encontramos entonces, ante un esfuerzo en conjunto, comenzando por la autora intelectual del proyecto literario, pasando por la disposición y deseo de participación de los coautores, durante un proceso que duró casi un año, para producir el primer ejemplar de la primera edición, hasta llegar a obtener una consolidación de experiencias que vienen a ser la voz de los que forman el alimento artístico del pueblo y a la vez un fuerte pilar de la sociedad.

No cabe duda, que es de admirar todo aquel fruto que surge de los que no están en las cúpulas vastas del arte de nuestra sociedad, estamos ante el resultado inesperado de una queja colectiva que se agudiza ante las circunstancias. Este libro, es el grito silencioso que siempre ha existido en algunos estratos sociales, de artistas y escritores que nos han hablado a través de sus obras, de su poesía, de sus actuaciones y música; sin embargo, han sido víctimas de la indiferencia social, económica, política y cultural. Definitivamente no es algo que florezca solo durante el año de la crisis sanitaria, si no que, es algo que viene desde hace mucho tiempo, desde antes de la guerra civil, desde antes de las buenas épocas del café en la región, desde antes de que las raíces fueran mutiladas en 1932. El arte en El Salvador ha sido siempre algo que se ha categorizado solo para los altos estratos sociales, el mito de que ha permanecido fluyendo en ese mundo se rompe al conocer lo que nos comparten de manera cotidiana y natural los que forman esta obra, volviéndose una manifestación popular de personajes de diferentes puntos geográficos del país, de la lucha incansable de hablar con su arte, la entrega y dedicación por rescatar a sus hijos a través del arte, por buscar dejar una huella en las personas de su entorno sin pretender subir a pedestales de fama.

Se ha considerado por algunos como un acertado "jaque mate" literario dentro de lo que se espera para los lectores de la sociedad salvadoreña. Algo que el lente de los que buscan los nombres conocidos de las letras y el arte en la sociedad salvadoreña no tenían dentro de sus expectativas. Cada integrante de este libro tiene algo que decir sobre su precipitada e inducida adaptación ante la situación mundial, sin embargo, también tiene algo que decir ya sea entre líneas o claramente sobre su sentir ante la sociedad que lo acoge y lo envuelve en un manto de invisibilidad.

Por otro lado, algo que predominó durante el proceso de recopilación de la primera edición, fue la solidaridad, el anhelo de ser escuchados en conjunto, la humildad y conciencia de lo que significaría dar un aporte a la comprensión de lo que implica querer pertenecer al mundo artístico de la sociedad salvadoreña. En cuanto a su producción y su técnica, composición y estructura fue menos compleja y por ende menos exigente. Sin embargo, para la segunda edición se llevaron a cabo algunos cambios palpables, tanto de presentación, forma y estructura; respetando el mensaje del contenido compartido como de su composición.

Esta segunda edición, consta de 10 narraciones cortas de la autora e impulsadora del proyecto, de origen salvadoreño y residente en el extranjero y 20 más de otros participantes entre los cuales encontramos músicos, escritores, actores teatrales, escultores, artesanos y pintores de toda edad y de diferentes puntos geográficos de El Salvador. Cada uno nos comparte al igual que en la primera edición su experiencia con el ánimo de mostrar un mensaje positivo, aún en medio de los difíciles tiempos a través de una narración ya sea vivida por si mismos y/o compartida por sus conocidos y en su mayoría dentro de un marco de no ficción, aun asi podrán apreciarse de forma mínima el uso de algunos elementos metafóricos y simbólicos con la intención de adornar la historia basada en hechos reales.

La obra también nos regala episodios de melancolía, coraje, valentía, empoderamiento, fe, resiliencia y determinación por no abandonar las artes. Nos muestra desde el ojo agudo del artista un mundo que muchas veces preferimos no ver o simplemente ignoramos, siendo esto real y tangible. A través de estas líneas conoceremos que el artista es un ser que siente, vive, decide, se esfuerza, anhela, tienen necesidades como todos, sin embargo, es generador de cambios, y su verdadera vocación lo hace resistir y tomar su arte como un medio para lograr transcender, llevar un mensaje, lo convierte en pilar para su vida y alimento para su alma.

Este libro es un ejemplo de lo que significa una cultura sin egoísmos, una vertiente de dedicación y resiliencia artística en medio de un mundo donde predomina la sed de poder y la envidia, donde es difícil encontrar apoyo de parte de los gobiernos, instituciones privadas, entidades de bienestar social e incluso de otros artistas; donde predomina la ley del mas fuerte.

Ha sido categorizado como una de las primeras obras post pandemia a nivel mundial y el primero de El Salvador, por lo que, ha sido implementado como un ejemplo en las aulas de la Universidad Tecnológica de El Salvador. Así mismo, ha sido visto como toda una investigación documental, debido a que la autora del proyecto ha compilado testimonios directos y verídicos de los involucrados, en ese sentido, se considera como un tipo de monografía de compilación, donde se ha expuesto la opinión personal de los autores en torno a un tema en común.

No queda más, que hacer notar que el proceso que

inició con la primera edición ha dado resultados positivos, por lo que, es merecedora de una segunda consideración para mejorar y darle a nuestros lectores lo mejor de este legado histórico, el cual vendrá a ser una referencia para las nuevas generaciones sobre lo ocurrido y de cómo algunos enfrentaron los tiempos de pandemia, así mismo, es un llamado para todo aquel que desarrolla su arte a hacerlo con el objetivo de aportar mensajes transformadores para bien de la sociedad.

*"Lo único que tienes y que nadie posee eres tú mismo.
Tu voz, tu mente, tu historia, tu visión.
De modo que escribe, dibuja, construye, juega,
baila y vive como solo tú puedes hacerlo"*

— Neil Gaiman, escritor y guionista inglés, una de las figuras más influyentes de la cultura contemporánea.

Los Editores

NOTA DE LA AUTORA

El día que decidí redactar este libro tan sentido, recuerdo que deseaba poder tener a todos mis amigos y compañeros en el arte en un mismo sitio para hablarles abiertamente de mi deseo de darle voz a nuestro arte en medio de la difícil crisis que la humanidad estaba atravesando. Pero, hoy hace un año que escribí estas líneas que denotaban una luz de esperanza, pero no creo que volvamos a vivir como antes.
Ahora bien, se emprendió poco a poco con cada uno de los artistas charlas extensas a toda hora, a modo de lograr el punto de empatía perfecto para poder proceder a abrirse y dar testimonio de una parte de su vida que quedaría plasmado en estas humildes páginas sobre los días en que la pandemia nos abrazó a todos donde se dejará ver cómo nosotros los artistas, nos tomamos de la mano con nuestro arte, con el que cada día, cada instante que fueron convirtiéndose en todo un ritual de supervivencia experimentado desde diferentes modos de vivir, pero todos unidos por la incertidumbre, la zozobra, el temor, así como la esperanza, la valentía y la resiliencia.
Por otra parte, los veintiún artistas que recopila la monografía se dedican a: pintar, cantar, escribir música, actúan, escriben diferentes géneros literarios y, crean espacios donde el arte es el protagonista de sus vidas que a través de su arte tiene mucho que decir porque expresan un mismo sentir y, un grito silencioso, entrañable, sencillo y cotidiano.
Por esa razón, se desea contribuir con un granito de arena en este inmenso mar de creativos que aporte con un mensaje desde la intimidad de la cotidianidad del artista y fortalezca el lado humano de la comunidad en general.

Compiladora y autora Dacxilia Deras.

PRÓLOGO

"Cuando a una persona le toca partir de esta vida a veces solo queda en el recuerdo, pero las cosas que los artistas hacemos quedan plasmadas en un mural, en un poema, en una melodía, en una enseñanza, en un libro y en el corazón". -*Marina García-*

Al finalizar de leer los testimonios, anécdotas, vivencias, divagaciones, reflexiones y experiencias en cada historia donde queda el aroma vivificante impregnado de satisfacción y júbilo en cada relato como una flor testimonial reunida que es ofrecida como un conjunto de ramos fragantes de la memoria histórica de El Salvador del quehacer artístico y personal de algunos de nuestros artesanos del arte durante la pandemia en el contexto del SARS-CoV-2 (*del inglés severe acute respiratory syndrome coronavirus 2*), en donde la suspensión de actividades de índole laboral, económico, escolar, académico y movilización social en general, se detuvo mucha de la dinámica social hasta entonces sostenida.

Este proceso permite preguntarse: ¿Cómo se vivieron la pandemia, los amantes del arte en su hogar durante el confinamiento?, ¿Cómo se alteró la visión de su entorno y de sí mismos durante el confinamiento?

Por tanto, El libro contiene historias contadas de una forma amena y sencilla, con mucha vida y perseverancia, donde se refleja la tenacidad y el arraigo de lucha ante diversas situaciones de diferente índole por amenaza del SARS-CoV-2; que en el 2020 hizo un borrón y cuenta nueva en la vida de muchos.

Además, se puede decir que cada uno de los relatos vienen ilustrados de la fina y delicada mano de Dinora Segundo (también, participa con su testimonio), ella es una escritora y pintora que sabe captar y reflejar la esencia de cada relato de manera certera, dándole un "plus" a cada escrito.

Por otra parte, el libro fue escrito en pleno 2020 basándose en una cita de parafraseo de Edgar Allan Poe que se encuentra en su cuento: "La máscara de la Muerte Roja", podemos decir que, desde China hasta nuestras latitudes, *durante algún tiempo, el SARS-CoV-2, había devastado, y estremecido al mundo*, y América no era la excepción, y menos aún en nuestra precaria región centroamericana.

En contexto

El Salvador ha sido siempre un país herido, sangrante, doliente; rico en situaciones trágicas-históricas, que lo han marcado y dejado con cicatrices en la memoria, desde etnocidios, represión de regímenes militares por décadas, masacres, conflictos armados, secuestros, maras, pandillas, el crimen organizado, privatizaciones, explotación importada para la masiva mano de obra barata, lustros de desfalco económico de relevo en relevo, generaciones y generaciones de corrupciones (en palabras de Oswaldo Escobar Velado: "un puño de ladrones asaltando en pleno día la sangre de los pobres"), crisis del sistema de salud, desigualdades sociales, pobreza, altos índices de violencia, normalización de numerosos homicidios, injusticias, violación a derechos humanos de la población, movilizaciones sociales, migraciones por menudeo y en caravanas, desastres socio naturales, tormentas-derrumbes-deslaves-damnificados, robos, asesinatos, crímenes y robos millonarios impunes, incendios; hasta la instauración de una pandemia nunca antes vista ni imaginada con el riesgo, temor e incertidumbre de poder ser un índice más de los enfermos o fallecidos, al tener que dejar luto en la familia y amigos.

Además, se puede agregar condiciones tales como: aislamiento, encierro, dificultades económicas, privación de desplazamiento y movilización, alteración de la cotidianidad, el lamento y duelo por la pérdida irreparable de quienes partieron en este contexto; y aunados a situaciones de carencia, necesidad, inquietud, duda, aflicción, preocupación, temor e incertidumbre, en donde la población como es natural reacciona con respuestas de estrés psicosocial ante noticias alarmistas que abonan al temor, miedo exagerado a contraer el virus; que conlleva en algunos casos: sedentarismo, sensaciones de aburrimiento, frustración por no poder cubrir la canasta básica, trastornos del sueño, mayor adicción a artefactos electrónicos. También, mayor exposición a la luz azul de dichos dispositivos, (en dos generaciones hemos perdido alrededor de una hora y media de sueño nocturno), entre otras tantas cosas; lo cual deteriora la salud física y mental.

Este proceso, bajo estas circunstancia ha provocado que las personas con sus diversos oficios, ocupaciones y profesiones les tocó hacer frente y adaptarse a la nueva condición de vida; pero, así como el pájaro que durante una implacable tormenta su nido ve estropeado y destruido, no se queda lamentándose y llorando sobre el daño de lo ocurrido; sino, empieza a buscar otras hebras para construir un nuevo nido, de la misma manera ante situaciones de crisis, carencias, precariedad, desesperanza y desesperación; hubo una readaptación a un nuevo estilo de vida, en donde surgieron cualidades, que permanecen siempre en todos, como la solidaridad para con el otro, el afán de superación, reinvención de actividades, esperanza y expectativa que las situaciones cambien para bien, y poder salir adelante ante la adversidad.

Resiliencia y esperanza

En esta pandemia quedó demostró cuán vulnerable es el ser humano y cuán frágil es la salud mental y la vida; por qué de un momento a otro la percepción del mundo y de la vida dio un giro y cambió la perspectiva que se tiene de ella, *"La pandemia no fue del todo mala, también, salieron cosas positivas"* como se relata en una de las historias, pues se le dio al mundo una pausa al curso de contaminación que hasta entonces se mantenía; así mismo, en el arte brotaron nuevas formas de hacer artesanías con creatividad, ingenio y laboriosidad en un contexto desfavorable se crearon como aliciente vital. También, fue un tiempo para la reflexión, llevando a ser más consciente del presente tan particular que en nuestra condición humana personal, familiar, social y mundial cambiaron muchas cosas y serán muy diferentes a como las conocíamos.

Además, se le presente a muchos, el hecho de perder un ser querido bajo los protocolos actuales, donde se dieron a conocer diferentes historias trágicas que en este contexto se han dado. También, el saber casos de personas que están en perores condiciones que nosotros, ha hecho reflexionar mucho sobre nuestra condición de seres efímeros y sensibles; pero esto nos ha dado fortaleza y voluntad hasta cierto punto porque nos ha hermanado en buena medida. Ya que, entre el luto, la pérdida y el llanto, se pueden rescatar estas palabras de una de las historias: *"esta pandemia provocó dolor, pero a la vez unió familias, unió sentimientos, cambió rutinas, nos hizo disciplinados, nos hizo ser mejores con nuestras familias, le tomamos el valor que se merecen y nos dimos cuenta que en esta vida vale más el amor, la comprensión, la solidaridad, la amistad, el perdón y todo lo bueno que podamos dar a nuestro prójimo y a la humanidad".*

Por tanto, se pueden hacer las siguientes preguntas: ¿Cómo se puede sintetizar tanta vivencia, tanta vida acá contenida? ¿Cómo se puede abarcar en unas líneas tanta vitalidad, tanta muerte, y ser conciso con estas historias?

En materia

El libro contiene 29 relatos, comenzando con la autora, editora y compiladora de estas historias (ella es pintora y poeta), quien arribando a un nuevo país junto a sus dos hijas, a reunirse con su esposo en los E.E. U.U., para quienes dicha experiencia es toda una nueva aventura, nos ofrece nueve historias de su puño y letra, donde desde su llegada a otro planeta, entramos de primera mano, desde la geometría de su visión a la nueva condición de vida que se encuentra junto a sus dos amadas, quienes posteriormente tendrán su aparición en otras historias donde su adaptación a ese nuevo mundo se vuelve vital, novedoso y enriquecedor.

Dicho proceso que la escritora vivió desato una serie de escritos de forma espontánea, cuando los sentimientos están a flor de piel y brotan sentidas palabras, bellas frases y pensamientos que se enmarcan como fuego en el gran libro de la vida, donde sus declaraciones íntimas abren las historias contenidas en este cúmulo de relatos y vivencias; sus impresiones, percepciones y confesiones con respecto al cambio de vida que le toca sobrellevar al llegar y establecerse en el país del norte; lo que es para ella y sus dos hijas toda una nueva experiencia, notamos que dichos testimonios son parte de su diario personal al que escribe de manera directa y natural, convirtiendo al lector en su cómplice silente que vivencia junto a ella toda una gama de sensaciones, percepciones e impresiones de atravesar una atmósfera nueva, fresca y diferente.
Sin embargo, va cargada de recuerdos, que como pesado equipaje lleno de memorias va llevando en sus hombros, de todo aquello que ha quedado y dejado atrás, y le lleva a aflorar un cúmulo de nostalgias, reminiscencias y declaraciones, volviéndose todo tan personal, subjetivo y humano.

Así progresivamente vamos adentrándonos a la intimidad del hogar, donde además del lector como cómplice, se cuela y aloja de manera inesperada un indeseado *huésped enemigo* que da un giro a la cotidianidad, donde se experimenta el tan temido virus de primera mano, y las respuestas que como familia buscan dar para paliar y combatir dicho mal, donde el aprendizaje del conocimiento de una abuela especial, y la evocación de sus consejos sabios de anciana se magnifican, eclipsado con una actitud de arraigo a la vida, brinda una muestra y testimonio de quien vivenció en carne propia padecer el fatal virus.

En esencia

En las primeras historias, el lector se encuentra con lecturas enmarcadas en el mundo de los salvadoreños, donde puede percibirá un guiño a ciertas obras, como *"Sus fríos ojos azules"* de Yolanda C. Martínez, e incluso advertir que por alguna grieta de la memoria pudo haber entrado una grata humareda, dejando un *polvo enamorado* de una historia de cenizas (de Izalco); ambas construidas con apuntes sencillos, y confesiones emotivas; así como, por historias de encuentros y desencuentros, por la reminiscencia de muchos recuerdos.

Además, en el relato diez *"Cuarentena en El Salvador"* abre la participación de los otros veinte coautores que integran este repertorio de hechos, sucesos, donde vivencias domésticas, y experiencias en el hogar que van desde modelar y tallar tazas de barro inicialmente para entretenerse, y luego realizándolo como una especie de auto psicoterapia, la elaboración de mascarillas con detalles personalísimos, reinventarse la rutina en casa, renovarse con un nuevo look, pasando por dar clases de pinturas en línea, llevar enseñanza por las vías posibles, así como el buscar ingeniárselas para de alguna manera salir adelante, hasta experimentar síntomas de la enfermedad, pasando por perder familiares, pero a pesar de todo eso seguir en la producción del arte que cada uno ejerce.

Por otra parte, el lector se puede encontrar con un hilo de artistas común que tenían la pintura que se desarrollaba como un ejercicio de creación, una terapia personal que permitió tolerar los estrictos encierros que se establecieron, el arte como generador de paz, armonía y tranquilidad. También, fue un soporte y motor impulsor para continuar cuando los ánimos disminuían y, las esperanzas flaqueaban donde *el arte me dio paz, armonía, tranquilidad y motivos para seguir* reflexiona una pintora, además agrega que: *Lo que no mata fortalece*; otra pintora nos expresa: *Dejar un legado, una huella, si se logra impactar una vida de manera positiva*, nos dice con satisfacción otra pintora que deja huellas significativas en otras personas.

Además, dichos acontecimientos que hicieron notar que el virus estaba ya en tierras salvadoreñas, en algo muy serio, donde un pintor y docente universitario nos comparte su experiencia *en mi encierro el arte me hizo sentirme bien, puesto que dispuse de mayor tiempo para mi producción artística*. También, nos cuenta una pérdida que sufrió: *Ya en el "campo santo" me sorprendió que los sepultureros no depositaran los restos mortales en su nicho definitivo*.

Por otro lado, una instructora de música comparte su impresión sobre la suspensión de actividades: *personas que aun atrapados en el medio de la pandemia, tenían sus metas bien definidas en cuanto a la música, a pesar de que en este país no es muy relevante el arte, sí existen muchas personas que lo mantenemos vivo en nuestro ser y aún está encendida esa llama*, una escritora en una especie de trance nos comparte sus experiencias: *mis palabras e ideas fueron tomadas en cuenta por mis colegas artistas para dar un homenaje teatral a nuestra gente de cultura que había muerto durante la pandemia*, y recapacita a propósito de la pérdida de colegas del ámbito artístico: *sé que volverán en un trazo de pintura, un movimiento corporal, una línea de versos y en un sinfín de inspiraciones. Sé que regresarán, como las semillas que caen de los árboles, flores que crecen de las semillas*

Además, un escultor nos manifiesta: *Tres ventas muy afortunadas de mi obra escultórica, días atrás, sumando dos días consecutivos de buenas ventas en un evento de emprendedores, me garantizaban afrontar con relativa calma y solvencia material*. Lo que posteriormente: *se transformó en miedo paralizante, tristeza e incertidumbre con el pasar de las semanas y con las cifras de contagios y muertes reflejadas a diario* que nos dejó su reflexión: *El arte y el amor son las fuerzas que me han permitido alejarme de la muerte y aferrarme intensamente a la vida*. También, Una joven pintora nos confiesa: *En esos días empecé a ver más el noticiero y las redes sociales, empecé a tener consciencia sobre lo peligroso del virus*. Y agrega: *empecé a estudiar todo sobre dibujo, y una vez más comprobé que estoy en el camino correcto como profesional.* Después, una escritora y actriz de teatro nos cuenta una experiencia como testigo de la despedida de una pareja de la tercera edad; nos da detalles de un encuentro final: *La muerte se acercaba y con ella una despedida, el abuelo llamó a la abuela y ella entró, lo abrazó y con el dolor de su alma y del recuerdo de tantos años compartidos, le dijo que se fuera, que se iban a volver a reunir allá donde Dios les tenía preparado un lugar.*

Por otra parte, un especialista en diseños y textiles en prendas con añil nos comparte su ingenio de hacer un nuevo negocio en familia: *Así fue cómo en tiempos de crisis, vimos la oportunidad de progresar en un nuevo negocio muy alejado a lo que nosotros hacíamos, tuvimos una luz de esperanza en un momento de crisis, tanto emocional como económico.* Este proceso se ve plasmado en un relato inverosímil donde cuenta una de las historias llenas de escepticismo, duda y asombro; donde el personaje cuenta un relato dentro de ese relato, que confiesa venir de conocer *literalmente la muerte*, que desde su *camilla "entubado" al filo de la medianoche, en ese hospital recién construido en la capital, aparecía un personaje vestido de negro totalmente*, y en donde se daba una férrea lucha entre miradas, *dejarme dominar significaba morir, en muchos casos, cedían a esa mirada de témpano, y apenas un gemido y decían los médicos, "Otro que fallece".* Cada noche, se iban con él diez, quince pacientes, nos cuenta maravillado, hasta un personaje de luz que ordena *"pedir perdón"*.

Además, narra como a veces la amenaza del virus es un personaje vestido de oscuridad, en otras es un inquietante silencio, que *ahorcando soplos de vida con graves cuerdas vocales y enredados nudos ciegos, tan ciegos que no lograban distinguir entre razas, sexo, edad, credo ni tonos de voz, y donde: Ni la voz milenaria de esas agonizantes conciencias lograba salvarse del silencio mortuorio, y así como a nuestras lenguas originarias las han ido enmudeciendo por los siglos de los siglos, de igual manera el silencio invadió este paisito y comenzó a devorarse el ruido"*

Por otra parte, hay otros relatos que narran las experiencias difíciles compartidas son menos dolorosas. En esta vía, *una pintora nos confiesa: decidí aislarme del mundo hasta donde me fuera posible para no contagiarme. Aun así, con todas las precauciones tomadas... Me aislé de mi familia e inicié la lucha contra uno de los tramos más amargos de mi vida: Dar positivo a Covid*. Finalmente concluye: *Creo que más que pérdidas o calamidades, la pandemia ha significado una segunda oportunidad para vivir plenamente al lado de los míos.*

También, dichos relatos se comparte una identificación en conjunto de actitud optimista frente a la vida, su fe y esperanza, cantar, pintar, escribir, esculpir, bailar, actuar, de seguir adelante, todo para sí y para el mundo. Este proceso se desemboca en un *deseo inmenso que hay en el corazón humano de superar toda dificultad y ponerse pronto nuevamente en la carrera, esa que nos lleva a alcanzar aquellos sueños y anhelos por los cuales vale la pena vivir y esforzarnos diariamente*, como nos dice una pintora que por un momento vio truncado sus virtudes artísticas, que pesar de estar *delicada de salud y sin ánimos siquiera de levantarme de la cama, anhelaba poder tener un pincel entre mis manos para desahogar todo mi dolor y cansancio en un lienzo.*

Además, en otro relato enriquecedor y desgarrador comienza: *Bajo la sombra del silencio, el día amaneció nublado y lleno de incertidumbre, los pájaros volaban inquietos como queriendo dar aviso de una tragedia que se dejaba venir repentinamente sobre aquel humilde pueblo.* Expone el drama singular de una pareja de campesinos, donde el canto del ave Aurora hace su presencia con su persistente canto de mal augurio. También, una diseñadora gráfica confiesa sus impresiones: *"Comprendí y valoré tantas cosas, que hasta entonces no había hecho... pasé por ciertos desprendimientos durante ese confinamiento. Es bien sabido que, en los momentos más difíciles es cuando pruebas de qué madera están hechas las personas..."*

El mensaje humano

Los muertos, nuestros muertos, entre ellos varios artistas, a los que no se les pudo dar el último adiós, ya sepultados sin mayor rito, ni celebración mortuoria, dejan un vacío inmenso y tumultuosos recuerdos, provocan en muchos el seguir forjando sus sueños y el sólido anhelo de realizarlos, historias que deben ser contadas para liberar tensiones de fuerte carga afectiva, sucesos y eventos que deben ser contados, rescatados del olvido y la indiferencia del inexorable tiempo. Como expresara el poeta nicaragüense Rubén Darío en uno de sus célebres cuentos: *"¡Oh, mi amigo! el cielo está opaco, el aire frío, el día triste. Flotan brumosas y grises melancolías... Pero ¡cuánto calienta el alma una frase, un apretón de manos a tiempo!"*

En verdad os digo…

Todas las creaciones literarias reunidas y elaboradas de forma colectiva, no se tratan de simples relatos creados por orfebres de la palabra, ni de peritos en las letras; como siempre surgen señalamientos o críticas de algún lado, que si cumplen o no los estándares estéticos literarios y demás; para aquellos acuciosos, que puedan tratar de minucia literaria este esfuerzo, o que de manera minuciosa e insistente esperan encontrar melisma, prosa sublime o epifanías entre otras cosas, no las encontrarán, no son estas las pulidas y finas cuerdas que esperen hagan resonar la rígida e inflexible caja de sus exigencias. Toda iniciativa, todo esfuerzo y todo aporte que abone y busque contribuir al universo de las letras de nuestro país debe ser aplaudido, apoyado o al menos comprendido desde las condiciones donde se concibe.

Históricamente el arte ha servido para conducir una variedad de expresiones de diferente índole y se ha usado para manifestar, reflejar, interpretar y hasta de intentar transformar lo que está sucediendo en el mundo y en la realidad percibida, también hace la función de vehículo introspectivo, para darle un significado a la vida y a la existencia de la condición humana. Hay dentro de las expresiones artísticas quienes ven del pecho para adentro y otros que se expresan del pecho para afuera; esa interpretación de lo que representa el momento que se vive dentro de la psique de los individuos, esa necesidad de crear, de expresar, de crear, de reflejar el entorno y realidad, y dejar un testimonio tangible de un momento específico de la historia en una determinada obra o creación artística.

A palabras sabias oído atento

El libro no tiene como el objetivo primordial en estas líneas establecer una trascendencia de historias, ni su valor literario. Además, me encontré en una circunstancia literaria similar, o mejor dicho, en una situación de semejanza con quien hizo un prólogo en 1964 sobre de una novela corta; evoco las palabras del poeta Serafín Quiteño, al decir que: *"nadie está capacitado para decir la última palabra, donde se está diciendo la primera"*, pienso que el hacer una valoración absoluta y definitiva sobre estas historias sería aventurado de mi parte, pues el tiempo se encargará de darles su lugar y de hacerlas fluir donde correspondan en el vasto océano de las letras.

Hay al interior de cada una de estas páginas personas con inquietudes claras del arte en sus latidos, destellos donde *hay gente con historia, hay familias muy unidas en el dolor y la lucha por el amor, hay momentos que nos hacen llorar riendo*, que en el silencio de la noche, en el resplandor del día y en la agitación cotidiana de la vida, entregan en sus confortables escritos, un fragmento de su vida, de su intimidad, y de su persona, quienes con responsabilidades, ocupaciones y compromisos que atender, con utensilio en mano, con un lienzo en blanco al frente, con un instrumento, en afán laboriosa y amante, dispuestas a atrapar un instante de realidad que alimente su virtud, para crear u ofrecer algo nuevo a sí mismas, a la sociedad y a la vida, acompañadas de su inclinación y entrega artística, con esperanza, voluntad y determinación de salir adelante ante las distintas situaciones adversas de la vida, desde su lugar y entorno inmediato.

Finalmente, en algunos de los relatos quienes los escribieron incorporan fragmentos de versos propios, en otros vienen poemas completos que surgen de la misma vivencia de este contexto de pandemia y aislamiento; así de igual manera el libro contiene al final de las historias tres poemas *"para recordar"* que Dacxilia Suleyma Deras recoge de poemarios de su propia autoría, y ha tenido a bien incorporar, enriqueciendo esta grata compilación.

Cada una de las historias aquí contadas, cada testimonio, cada declaración expresada desde cada experiencia humana, enriquece la vivencia que desde nuestra región se vivió y cómo lo vivió un artesano del arte; historias construidas inicialmente de confidencias, luego diseñadas con pinceles, manualidades, desde el taller, desde el rincón, desde la trinchera que a cada uno le tocó hacer su lucha, van estas páginas impregnadas de coraje, valor, creatividad e ingenio. Son historias que nos abrazan, nos unen y hermanan, como dice Serú Girán: *"Si debes ser fuerte en estos tiempos, para resistir la decepción y quedar abierto en mente y alma, yo estoy con vos"* del tema: "Nos veremos otra vez". Esperando fino lector, que sean de tu agrado e inspiración.

Iván Peñate

1. LLEGANDO A OTRO PLANETA

"Debo escribir todo esto algún día, lo que significa el desarraigo, dejar a los seres queridos, caminar por última vez los caminos del valle que nos vio nacer, dejar todo, dar ese abrazo de despedida, compartir las ultimas sonrisas de la piel, de las entrañas, sentir ese apretón en la garganta, justo antes de decir la última palabra sentida con la respiración a medias y el palpitar del corazón lento y doloroso. Ningún ser humano quiere pasar esa agonía, ese duelo de partir en seco, porque así toca, y pareciera que entre más se le huye a la circunstancia amarga del adiós, más sucede, aunque sabemos que no es un adiós para siempre, sabemos que un "hasta pronto" es una parte del adiós que nos mata, que nos hiere, que nos hará ver la vida de ahora en adelante de otra manera, y a veces hay que irse cuando más queremos quedarnos. Él que se despide se va con una herida abierta y el que se queda lo hace con luto entre los dedos, ambos con un ápice de esperanza que ayuda a mitigar la ausencia y la soledad latente"
Encontré esas líneas en mi agenda, las escribí cuando volvía de mi lugar natal, un valle llamado El Desagüe, a las orillas del Lago de Güija, cerca de Metapán.
Me pusieron por nombre Dacxilia Suleyma y llevo el apellido Deras, soy de ese hermoso valle, allí nací en el ancestral Cerro

de las Figuras según mi partida de nacimiento un 30 de junio de 1978, pero la costumbre familiar dice que soy del 26 de julio, tuve que asimilar ambas fechas conflictuar con ello. Nací allá cerca de las "Las Miras" y frente a "Mita" como decimos popularmente siendo su nombre Asunción Mita. Un poco más y nazco en la hermana república de Guatemala, pero no, pues soy salvadoreña y ciento por ciento desagüeña. El cerro donde nací es conocido por el legado arqueológico y riqueza de Petro grabados originario de hace miles de años. Considerado un patrimonio de la humanidad. Según me cuentan vi la luz por primera vez en una casita humilde, hecha de adobe y bahareque bajo un techo de teja que aún no había sido terminado, así me lo cuenta mi progenitora conocida por todos como Conchita, su nombre María Concepción Deras. Amo mi lugar de origen, regreso allí cada vez que cierro los ojos cuando deseo descansar, pase la mitad de mi vida yendo y viniendo de la ciudad de Santa Ana, pues desde pequeña estudie en la cuidad, pero iba temporadas completas a pasarla en casa de mi abuela y con el resto de familia. Hoy por hoy soy artista visual, escritora de poesía y relatos cortos y algún par de cosas más. Madre de dos bellas hijas y ahora pertenezco también a la familia Zavaleta la familia de mi esposo. Soy apasionada de las artes en todo sentido, soy feliz ayudando a otros con lo que este a mi alcance, he aprendido a ser feliz en el proceso maravilloso de la vida he encontrado mi propósito ayudando a otros a lograr una transformación de sí mismos a través del arte como herramienta, otorgando la oportunidad de encontrar alivio físico, emocional y espiritual a través de una guía creativa donde haya una concatenación de los pensamientos y las emociones con la paz del ser, porque he comprendido que haciendo lo que me apasiona al servicio de los demás me estoy transformando a mí misma y en este pequeño libro te contaré parte de mi vida, comenzando el día en que escribí esas líneas.

 Era ese día, veintisiete de diciembre del 2019, un día antes de tomar el avión hacia Nueva York. Estaba a punto de dejar mi país El Salvador junto a mis dos hijas, estaba a punto de comenzar una nueva vida lejos de todo lo que amamos, lo

que nos vio nacer, crecer y vivir. Emigrábamos definitivamente de nuestro Pulgarcito de América.
Al día siguiente, cansada de tanto ir de un lado a otro, y cansada de tratar de asimilar la idea de partir, me tumbe en la silla de la sala de espera mientras esperábamos escuchar por la anunciadora con ese sonido que solo había escuchado en escenas de aeropuertos en películas que me hacía recordar mi niñez, en aquellas franjas infantiles de Gente Chica en las cuales no me perdía durante las vacaciones de la escuela en la época navideña.
Cada vez que la escuchaba y no decía nuestro vuelo mi tensión y la impaciencia crecía era como si de repente pensaba:

—¡Bueno, si me tengo que ir,
¡que sea de una vez por todas!

Quince minutos después nos llamaban. Los nervios a flor de piel, era una nueva experiencia para las tres, mis hijas y yo, pues mi esposo se había hecho experto al haberlo hecho varias veces al visitarnos en los años anteriores. El hizo grandes sacrificios para poder hacer lo necesario para lograr que pudiéremos cumplir los requisitos migratorios. Su apoyo, amor y cariño es inmedible. Aun así, en medio de circunstancias que motivan la felicidad por haber logrado después de un largo tiempo de espera estar finalmente reunidos, no se aminora el amargo sabor de la partida, pienso que no importan las circunstancias, un adiós es un adiós.

Ahora, veme aquí, a la distancia un año después escribiendo estas líneas, agitando mi lapicero sobre un papel de segundo uso, para contar algo sobre mi vida. Siento el olor de la tinta. El reloj marca las cinco más un cuarto. Es la tardecita. Hace frio. La nieve que queda de la tormenta agoniza en el deshielo y se abren paso en las aceras.
Recuerdo la noche que llegamos, todo era tan confuso extraño. Al bajar del avión mientras hacíamos fila para la revisión de documentos observaba todo, escuchaba tantos idiomas

diferentes, veía los rostros de las personas y sentía tanta diferencia en su facciones, pieles, expresiones, olores, gestos, era como si todo pasara a mi alrededor en cámara lenta y yo estoy en el centro de un círculo de seres que no se dan cuenta que los observo, pasan como manchas multicolores de un lado a otro, todo es tan confuso, demasiado confuso, en ese momento sentí como si estuviera llegando a otro planeta.

Nuevo York se caracteriza me decían, por su variedad de culturas y etnias, sin embargo, no imaginé el shock que sentiría al vivirlo. Luego de las revisiones y controles de rutina estábamos ya del otro lado a punto de salir a lo que era la calle en las afueras del Aeropuerto John F. Kennedy, nos esperaba algo que jamás habíamos experimentado. Confiada abro la puerta de par en par y siento un fuerte golpe en mi pecho, era el implacable frio que me daba la bienvenida, desafortunadamente no llevaba un abrigo adecuado debido a mi falta de costumbre al frio. La temperatura no era tan baja comparada a la que ahora puedo soportar sin problema.

Como era de esperarse a los tres días de estar en este país yo me encontraba enferma de una gripa muy fuerte, tuve que reposar por tres o cuatro días para lograr recuperarme, aunque creo que ya venía enferma del alma me daba cuenta del abismal cambio de mi vida y los efectos físicos empezaban a mostrarse, siempre he pensado que las emociones tienen mucho que ver con nuestros padecimientos físicos, el cuerpo se hace escuchar de una u otra manera.

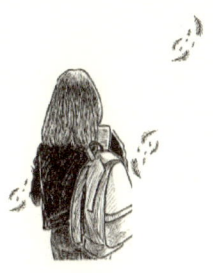

2. RESCATANDO A LA PRINCESA MÓNICA

Era un 4 de enero de 2020, primer día de escuela de Mónica, la mayor de las princesas. Mónica es una chica muy lista, aplicada en sus responsabilidades y de mucho carisma. Recién había terminado su primer año de bachillerato. Al llegar aquí prontamente buscamos la manera de reanudar sus estudios para que se integrara lo más pronto posible, pues se sabe que el año escolar en Estados Unidos suele terminar en junio y comenzar en septiembre. La escuela es asignada por el Departamento de Educación por lo que tuvimos que hacer las gestiones correspondientes para ello. Pronto tenía Mónica una escuela asignada para ella.

No puedo describir a cabalidad lo que mi corazón sintió durante casi dos horas. Eran cerca de las ocho treinta de la mañana cuando recibo un par de textos por teléfono de mi hija, angustiada por que se había bajado del autobús en el que iba a la mitad del camino hacia la escuela, a pesar de que habíamos realizado una investigación sobre la ruta de cómo llegar a la escuela, surgió algo que no esperábamos, pues desconocíamos que existían dos tipos de autobuses uno de los cuales llegaba a su meta a la mitad del camino, el que debió tomar era el siguiente. No pudimos textear mucho, en mi aflicción decido llamarla, en su teléfono agonizaba la batería y como era de esperarse nos quedamos sin poder comunicarnos, ella solo logra enviar una foto de un lugar que tenía al frente y pude decirle:

—No te muevas de ese lugar. ¡No te muevas!
Alguien irá por ti.

Perdí su vocecita en medio de un leve llanto de desesperación. El silencio al otro lado de la línea me dolió en el alma. Ella siempre se ha caracterizado por ser muy serena en los momentos de dificultad, sin embargo, la escuchaba aterrada.
A mi mente llegaron muchos pensamientos. Pensé, es una niña a penas, en un país desconocido, sin saber el idioma. ¿Y si un extraño se le acerca? Además, el frío era muy fuerte, sabía que no podía soportar mucho tiempo a la intemperie. Quise estar allí abrazarla para decirle que todo iba a estar bien, pero me sentía tan impotente.
A casi media hora de distancia sin modo de movilizarme hacia ella, pues a penas teníamos una semana de estar en este nuevo mundo y no conocíamos absolutamente nada. Decido llamarle a mi esposo, él se encontraba trabajando a una hora de camino, y mi hija estaba a casi dos horas de él.
Lo toma en un principio con mucha calma, - como suele suceder- decide enviarle un "Uber". Ahora, mi preocupación era como garantizar que mi hija no se moviera del lugar y, que la reconozca el conductor. El tiempo parecía pasar tan lento.

Al parecer el conductor no la encuentra, mi angustia se acrecienta, siento el corazón a mil, me desmorono al piso, mis lágrimas brotaron. Entonces, hago una llamada al servicio de emergencias, donde no han podido ayudarme porque no pude brindar una dirección exacta de donde ella se encontraba, sabía que era Queens Boulevard, sin embargo, la oficial me hace saber que es una avenida principal y que recorre una larga distancia, por lo que era vital saber algo más para interceptarla. Me dijo con tono despreocupado e indiferente:

— ¿Por qué no toma la "guagua" y va por ella?

En ese momento, yo desistí y le colgué el teléfono. Yo no sabía que era la tal "guagua". Luego, pude deducir que la persona que me había respondido era muy probable que era de un país sur americano donde esa palabra significa "autobús". Presiento, que ella no comprendió mi desesperación e impotencia, a pesar de que le había explicado.
Mi esposo decide ir a buscar a nuestra hija. Deja su trabajo y literalmente corre a toda velocidad hacia ella. Además, recuerdo que el frío era terrible, había que encontrarla pronto porque mi niña, mi princesa estaba temerosa y confundida, asustada seguramente, luego, me dijo que mientras estaba esperando un extraño la miraba con insistencia y notaba su frustración, no podemos pensar que la "ayudaría". Durante el camino escuche sus palabras para calmarme, sin embargo, recuerdo que escuche un sollozo disimulado con mucha valentía.
En efecto la encuentra, allí estaba mi princesa con su

abrigo color blanco y su mochila rosa, esperando a penas en pie que alguien apareciera buscándola, pálida, sus labios estaban cambiando a color púrpura, casi no podía moverse debido al frio.
Suena de nuevo mi teléfono:

—La encontré, vamos a casa — dijo mi esposo.

Sentí que todos los demás sonidos dejaron de existir al escuchar esas palabras y respiré de nuevo.
A los minutos abren la puerta, abracé a mi hija como nunca.

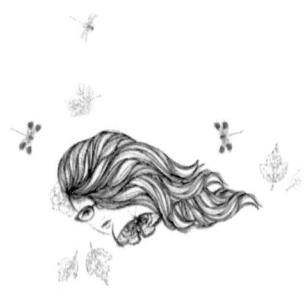

3. EL DESAPEGO DUELE

El mismo día que Mónica comenzó las clases en su escuela, también lo hizo Georgina.
Mi Georginita como le decimos cariñosamente, tiene 12 años, es una niña muy dulce, tiene un modo de ser suave, delicado y, al mismo tiempo es dinámica, muy inteligente, fuerte. Además, le gusta el arte, es muy creativa y toca la flauta de vez en cuando.
Después de un tiempo de búsqueda, habíamos logrado un cupo en su escuela en el quinto grado, así que era hora de comenzar esa aventura.
Recuerdo muy bien ese día, nos levantamos muy temprano, para que ambas fueran desayunadas para que llegaran a tiempo a la escuela. Además, pienso que quien estaba más nerviosa era yo, pues sentía que el reto de llegar a una escuela donde no sabes el idioma y no conoces como se hacen las cosas era aterrador para una niña como ella.
Sin embargo, me he llevado una gran sorpresa, Georgina mostró mucho entusiasmo y actitud positiva

ante el cambio. A veces, los adultos subestimamos a nuestros niños, los creemos débiles y temerosos, pero ese día comprobé que el temor no nace con nosotros, el temor lo aprendemos por la influencia del entorno; afortunadamente el sentimiento de seguridad había renacido en mí, por consiguiente, en mis hijas.

También, recuerdo que caminábamos hacia la escuela, debemos hacer un recorrido de más o menos seis calles hasta la avenida 78. Durante todo el camino como toda madre no paraba de dar recomendaciones y consejos, pero mi hija solo sonreía y decía:

—Si mami, voy a estar bien. Creo que ese día era yo la que se encontraba nerviosa, pues ella estaba tan tranquila, con su dulzura y serenidad me hacía sentir bien.

También, mirábamos con atención cada cosa que encontrábamos, las puertas, los ventanales, los patios de las casas. Aun había adornos navideños, en este lugar acostumbran a adornar su entradas y jardines con flores naturales de estación y adornos alusivos a las fechas, siempre hay algo que mirar en ellos. Las calles están muy señalizadas, y existe un gran respeto por los peatones, en forma general, he observado eso en diferentes áreas, pero, en la zona cerca de las escuelas es aún más intenso el cuidado y orden. Sí, esa es la palabra más adecuada para describirlo <orden>, lo hay para caminar, para deshacerse de la basura, para tomar los autobuses, entre otras cosas. ¡Ah! y que decir de los árboles en todo el camino, los hay por doquier en las zonas de los suburbios residenciales, son realmente hermosos y enormes, las aceras son espaciosas al igual que las calles y muy limpias, exageradamente limpias. Sí, definitivamente empezaba a gustarme el lugar. Puedes salir a caminar, a hacer ejercicios, ya sea por la zona residencial o ir a un parque cercano, existe un gran respeto por los bosques y todo lo que tiene que ver con la naturaleza. A todo esto, ya casi llegábamos a la escuela que era un edificio de seis pisos que recorre toda una manzana de avenidas parece sin exagerar un edificio universitario, pero es solo una Middle School o mejor dicho escuela intermedia pues asisten de primero a octavo grado. Estaba ya esperando a mi hija su maestra de inglés, quien también hablaba español, ella era la que la induciría y le mostraría su nuevo salón y la presentaría con su maestra de grado.

Allí, la dejé en la puerta de ese edificio intimidante con personas totalmente desconocidas, en un mundo donde la mayoría no hablaría su idioma y miles de cosas más pasaron por mi cabeza. Recuerdo el movimiento de su largo cabello castaño claro, al ritmo de sus pasitos mientras daba pequeños saltos al subir las gradas de la entrada y su gran sonrisa, no estaba en lo absoluto atemorizada y se disponía a enfrentar con la mejor actitud su primer día de escuela.

Además, recuerdo que quien se estaba muriendo por dentro era yo. Ni siquiera cuando fue su primer día de escuela de párvulos sentí tal cosa como ese día. Solo deseaba que el día pasara rápido para saber qué había ocurrido, quería saberlo todo.

¡Todo! Si alguien la había mirado mal quería saberlo, si había sentido miedo, o simplemente si no había podido decir que necesitaba usar el sanitario. Grata fue mi sorpresa había regresado encantada de la escuela, había hecho un par de amigos, la habían tratado muy bien, y su maestra principal Miss Martin había sido muy amable. Mi corazón de madre sintió consuelo. El desapego que debemos experimentar hacia nuestros hijos, y digo debemos porque por orden natural debe ocurrir, no debe angustiarnos y nuestra actitud debe ser la más optimista posible, debemos entender que desapegarnos de nuestros hijos cuando es el momento no significa abandonarlos o dejar de amarlos, no quiere decir que la vida se encargue de ellos, todo es un proceso vital hacia la madurez tanto de ellos como de nosotros como padres y madres.

El desapego duele, sí duele, y a veces mucho, enfrentémoslo con amor. Pues, no tendremos a nuestros hijos en casa toda la vida, el proceso de desapego y educación de independencia consciente hará de nuestros niños mejores personas para la sociedad, de lo contrario estaremos criando inútiles sin amor dentro de una sociedad que no perdona la falta de preparación para la vida. Al valorar sus esfuerzos y logros tendrán respeto de sí mismos y de los demás. Todo con amor duele menos.

Ese día mi hija, me dio una gran lección de empoderamiento. Entonces, le dije: ¡Felicidades Georginita por tener actitud de seguridad en ti misma y enfrentar la vida de forma tan valiente!

4. COPOS DE NIEVE

Había pasado un poco más de un mes de mi llegada a E.E.U.U, cuando un buen día, vi por la ventana que caía nieve en la calle y eso me puse super emocionada porque se estaba convirtiendo en un paisaje de cuento como aquellos libros que leía en mis primeros años de infancia, en los que aprendí el hábito de la lectura. Las casitas con la nieve en sus techos parecían pinturas de invierno, me hacían dudar si era real todo lo que estaba viviendo. Quizás estoy exagerando, pero era la primera vez que veía la nieve en mi vida, al igual que mis hijas.
Decidimos ese día, salir y tener un contacto directo con ese escenario de casas de jengibre, árboles blanquecinos, caminos esponjosos, sentir la nariz fría y de color roja como la vieja canción de navidad del reno Rudolph. Sentía como si ya había vivido esto, sin embargo, era la primera vez. Definitivamente, la influencia que este país tiene a través de los medios me había dado una

experiencia virtual que ahora ya era más que real y por supuesto fría.

Mi familia y yo contemplamos cada parte con éxtasis y curiosidad, incontables copos de nieve nos besaban la nariz, eran como pequeñas crucecitas entrelazadas de diamantes transparentes que caían en nuestras manos sin peso, como regalos miniatura que desde el cielo nos llegaban para alegrar nuestros corazones.

Jugamos en la nieve como niños, había despertado después de mucho tiempo ese sentimiento atrapado de volver a ser como aquellos niños que alguna vez soñaron con jugar en la nieve que no tenían, pero podían imaginar. Lo que creía imposible estaba realmente ocurriendo.

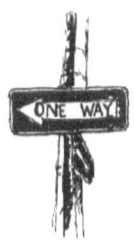

5. ZONA CERO

Recuerdo que desde finales del mes de enero se comenzó a escuchar en las noticias de un virus que estaba expandiéndose de forma muy rápida en China. Sin embargo, no se abordaba la situación con la importancia que ameritaba, en realidad las noticias no eran precisas, parecía más un rumor sin muchas evidencias de la gravedad que en realidad representaba; las redes sociales, a veces son exageradas o incluso falsas. Todo transcurría normalmente, aún no había anuncios oficiales por parte del gobierno local sobre qué hacer y qué no hacer. Seguía cada día igual que todos, dentro de nuestras rutinas y proyectos.

Por mi parte, seguía entregada al arte, pues hace unos días estaba levantando mi estudio de arte en casa y tenía por ende mucho que hacer. Entonces, me gusta visitar una enorme tienda de artículos de arte, me siento literalmente como pez en el agua y enormemente feliz, por lo que, en esa ocasión, la cual siendo la primera era aún más emocionante. Mis ojos querían alcanzar a ver hasta la parte más alta de los enormes estantes y quería tocar todo lo que había, fue una experiencia inolvidable. Adquirí algunas cosas, por lo que me dispuse a preparar mi espacio de trabajo, la inspiración estaba a flor de piel, no era para menos, pues una galería de arte de Michigan se había interesado en mi arte y me hicieron la propuesta para representar mis obras, un buen acuerdo, muy justo y conveniente, una noticia que me motivó mucho y por supuesto acepté. En esos días, como dije, vivíamos sin preocuparnos mucho sobre lo que ocurría al otro lado del mundo. La población en general no estaba consciente de lo que venía.

Días después, más o menos en la penúltima semana de febrero, un viernes mis hijas regresaron a casa con la noticia de que había posibilidades de que el lunes no volvieran a la escuela, pues el gobernador del estado de Nueva York, junto a otras autoridades estaban considerando decretar una alarma que posiblemente se establecería un periodo de cuarentena. Acá, no se establecen las decisiones a nivel federal, es decir, en todo el país al mismo tiempo, sino que, se hace por estado de acuerdo con la necesidad de cada uno porque tienen independencia política y se resuelven independientemente, a menos que sea algo que solo pueda hacerse en forma federal.
También recuerdo que mis hijas estaban tristes por no poder volver a la escuela, pero nosotros estábamos muy preocupados por todo lo que estaba por ocurrir, la incertidumbre invadió nuestras rutinas, y pudimos darnos cuenta (la mayoría de las personas) como se supo después que el gobierno había sido hasta cierto punto lento en actuar. Ya era tarde para lamentarse estábamos bajo la sombre maligna de ese virus, y nosotros

específicamente residiendo en el área llamada < zona cero> de Queens.

Una semana antes de declarada la cuarentena, mi hija mayor había estado con síntomas gripales durante tres días, sin embargo, fue algo pasajero y no pensábamos que pudiera ser dicho padecimiento el mismo al que se referían los medios. Además, no había información clara sobre cómo se manifestaba dicha enfermedad, no sabían a ciencia cierta qué síntomas presentaría alguien contagiado, estábamos en un descubrimiento continuo de dicho mal, no contar con esa información vital nos puso en desventaja para saber qué medidas tomar para evitar el contagio. Se espera que un país como este sea de los primeros en ver resultados certeros y tomar acción, hoy no era el caso, el virus Covid 19 había llegado con su corona puesta como un rey que hace lo que le place en una tierra conquistada. En este punto solo dijimos:

—Solo Dios con nosotros.

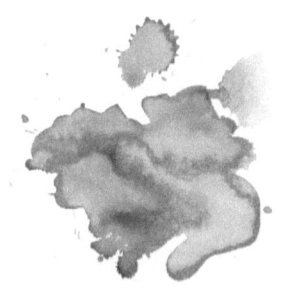

6. UN HUESPED ENEMIGO

Ese fin de semana justo antes de comenzar la cuarentena hicimos un viaje para visitar a unos familiares en Long Island más o menos a una hora de camino, relativamente cerca. Pasamos sin mayor problema el día, aunque notamos que las personas estaban yendo a los supermercados a bastecerse de muchas más cosas de lo habitual, nos pusimos nerviosos y decidimos hacer algunas compras también. Si analizamos nuestros últimos ocho días, habíamos hecho diversas actividades, que nos habíamos puesto en alto riesgo de contagio y, como era de esperarse alguien en casa empezó con los síntomas de una gripe como cualquier otra, bueno en ese momento así pensamos. Yo estaba enferma y los síntomas empeoraban.

Recuerdo que era un miércoles cuando comencé con una sobrecarga en mi espalda, sentía como si tenía el mundo literalmente a cuestas, no era dolor exactamente, era algo como un terrible peso y dificultad para mover mis brazos, el malestar se extendió hacia toda mi espalda, traté de dormir esa noche sin pensar en que podía ser ya una portadora de ese huésped enemigo en mi cuerpo. No quise alarmarme, pues no teníamos claro cómo era esa enfermedad y pensé que a lo mejor era algo pasajero. Al día siguiente, me levante hice mis actividades cotidianas, pero en el transcurso del día fui experimentando fiebre y debilidad general. Esa noche tuve mucha fiebre, mis delirios despertaron a mi esposo, quien ya estaba muy preocupado por mí, sin embargo, aun compartíamos todo en casa, eso fue realmente un grave error, aunque no me culpo por ello, realmente no conocíamos a que nos enfrentábamos y nos tomó por sorpresa. Podía decirse que fui de las primeras contagiadas en la zona cero, con el pasar de los días nos dimos cuenta de lo que publicaban de forma oficial y todos los síntomas que había experimentado coincidieron con la información. Sin embargo, esa certeza no surgió si no hasta casi tres semanas después cuando mi esposo también ya estaba en cama y mucho peor que yo.

Pasaron 12 días desde que mostré síntomas, unos en cama y otros tratando de hacer algo para que la casa no parara de funcionar, sentía que hacía triple esfuerzo por salir de eso e intentaba parecer lo más normal que pudiera frente a mis hijas. No quería preocupar a nadie más de la cuenta, tanto a mi familia cercana como la de El Salvador, todo era tan incierto, pero mantuve una actitud de lucha y ánimo todo el tiempo.

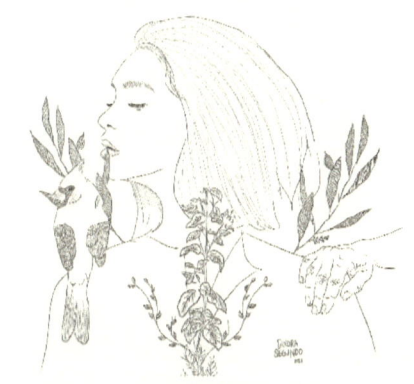

7. EL MUNDO MÁGICO DE LAS ESPECIAS

Aún recuerdo aquellos, días donde cocinaba, hacia la casa, trataba en lo posible de no acostarme durante el día, temía que al hacerlo no me levantaría en varias horas. Había estado dos días con fiebres. También, mi estomago estaba muy mal. Después, comencé a tomar precauciones con respecto a los demás en casa. A todo esto, era el día ocho y no teníamos un el listado oficial de síntomas. Además, comencé a darme cuenta de que el llanto de las sirenas en la calle se había elevado cuantiosamente. Se sabe que, en una ciudad de este tipo, el correr de los servicios de emergencia es algo común pues reconozco que usualmente son rápidos en llegar al lugar de los hechos. Escuchaba una sirena cada veinte minutos. Era realmente impactante la frecuencia de ese infernal llanto de sirena. Era como si estaba en una zona de combate o algo por el estilo. Al llegar, la noche no solo era el sonido si no también las luces intermitentes que se colaban por la persiana en las ventanas del cuarto principal. Era horroroso.

Días después, mi esposo llego del trabajo muy mal con los primeros síntomas. También, recuerdo que era ya un hecho que él estaba enfermo, pero estamos muy afligidos porque temimos por nuestras hijas. Lo más probable era que yo lo había contagiado. Entonces, en ese momento decidimos sacar fuerzas de donde sea, no podía darme por vencida, ahora menos que nunca. Además, en esos días, Al fin las autoridades dieron a conocer la lista oficial de síntomas, seguramente al tener un buen número de personas enfermas en los hospitales pudieron hacer una estadística de ellos, deseo pensar que así fue, y no imaginar lo contrario.
Parece un thriller de terror urbano, el hecho de que las personas que iban a hospitales eran en su mayoría para no volver a casa nos aterrorizaba. Ahora bien, a raíz de eso, comenzaron mis dudas, donde realice una búsqueda incasable de respuestas por todos lados, nacieron las especulaciones de la vox populi, surgieron inclusos mesías por todos lados, así como anticristos, disque mensajeros celestiales. La confusión era a nivel mundial, lo que provocaba en mí, más preguntas que respuestas provocadas por el amarillismo de los medios de noticias y las redes sociales era el pan diario de todos. Entonces, comencé a notar que había momentos en los que me sentía mejor, luego terriblemente mal, pero era como si tuviera subidas y bajadas del malestar. Ahora bien, preste atención a ello, fue ahí, donde deduje que cuando comía o tomaba algo caliente me sentía mucho mejor e incluso mejoraba progresivamente. Con ello, se me ocurrió revisar la alacena donde hice una auditoria de los víveres con los que contábamos, encontré

algunos vegetales, sopas, algo de pollo cereales entre otras cositas. También, encontré lo que en realidad nos ayudaría a sentirnos mejor: ajos, orégano, manzanilla, limón, jengibre y, cúrcuma.
Pero, no solo eso, nuestra actitud tuvo mucho que ver en la lucha contra ese mortal enemigo, así como nuestra fe.
A veces, me paraba en la ventana de la cocina, a ver hacia el patio trasero, desde donde miraba los pajaritos posarse en las ramas de un árbol deshojado, brincar de una rama a otra, como jugando entre ellos, veía un cardenal rojo que todavía viene todos los días, a posarse sobre la misma rama. Así como, un Blue Jay, un pajarito de plumas azules y grises con una cresta negra, los demás son unos pajaritos menudos y graciosos, ¡ah! También, unas cuantas tortolitas, todos parecían estar en una fiesta todas las mañanas.
En esos momentos, también, miraba al cielo, veía las nubes caminar lentamente en el cielo celeste e infinito. Ese hecho, me hacía recordar cuando tenía doce años y, jugaba con mis hermanos en el gran patio de una casa en la que vivimos allá en la calle 27 dos cuadras hacia abajo del INSA, lugar donde estudié mi bachillerato. Nos acostábamos en una cama cuja de una sola lona con base de madera plegable, al aire libre mirando hacia el cielo, lo hacíamos en los tiempos de octubre o noviembre, nos quedábamos por horas mirando al cielo y jugando a imaginar que formas había en las nubes, recuerdo que veíamos, conejos, caballos, jinetes con lanzas, corazones y quien sabe que más. Las nubes eran algodonadas, tan blancas como nunca he visto, a veces parecían tan cerca y alcanzables. A veces, pienso que no lo imaginábamos, si no que era Dios que jugaba con

nosotros, nos ponía nubes con hermosas formas para mostrarnos su amor y gracia. Recuerdo que éramos solo unos pequeños niños inocentes que no imaginábamos nada lo que ahora nos ha tocado vivir. Esos fueron los mejores días de mi infancia.

En uno de esos momentos, también, reflexionaba sobre muchas cosas de mi vida, del amor de Dios y, cómo había sido bueno conmigo con muchas cosas, me sentí afortunada, algo me hizo sentir que no era el final, recobré fuerzas y mi garbo se fortaleció. No sé cómo explicarlo, pero sabía lo que tenía que hacer.

Con lo que encontré en la alacena teníamos que pasar varios días pues ya estaba la cuarentena en marcha, solo se debía salir por compras o actividades esenciales. No era un crimen salir, sin embargo, por acá se respetan y acatan mucho las disposiciones de las autoridades. En nuestro caso, no podíamos salir a buscar vivieres, pues quien podía hacerlo estaba en cama, mi esposo estaba agravando, no estaba del todo bien, salir era un riesgo, pues debíamos acatar el hecho de que todo enfermo no puede salir por el riesgo de contagiar a alguien más. Era cuestión de respeto y consideración a los demás.

En ese sentido, busqué alternativas, no había muchas, la principal era usar adecuadamente lo que teníamos y optimizar recursos. Además, debíamos tratar de curarnos lo más pronto posible, pues en ningún momento perdí la esperanza de que podíamos mejorar y salir bien de esta prueba de resistencia, porque eso es lo que realmente es, una prueba de resistencia en la batalla contra un virus que no puedes ver ni tocar pero que sabes que está allí acechando en todo lo que tocas.

Mi abuela se volvió parte fundamental en todo esto, ella era una persona que me ha enseñado mucho a lo largo de mi vida. Entonces, recordé que ella fue una de las personas que más me dolió dejar al partir, cuando me despedí de ella brotaron los sentimientos de una nostalgia hiriente anticipada, en ese momento escribo las palabras que iniciaron este libro.

Mi hermosa abuela, su nombre María Antonieta Deras Carranza originaria de Chalatenango, luego conocida como Antonia Deras de Gómez tiene ahora 96 años, me enseñaron a decirle "Mama Toña", sin pronunciar la tilde en la palabra Mamá. Ella es la persona más fuerte y luchadora, sabia y amorosa que he conocido. Es toda una matriarca de costumbres y legado. Me ha enseñado a valorar y a respetar nuestras tradiciones, a la naturaleza, a conocer más de los tiempos de antes, a darme cuenta como era la vida sin todo lo que tenemos ahora, me ha enseñado a vivir en los escases y en la abundancia sin perder la dignidad y a dar gracias por cada cosa que se nos ha dado. Su sabiduría ha sido alimento para mis días, me siento enormemente agradecida por todas sus enseñanzas que con amor ha compartido conmigo a través de sus historias formidables y consejos oportunos. Cada momento a su lado lo considero un tesoro, podría escribir todo un libro sobre ella y aun me faltarían palabras para describir la grandiosidad de su alma. Es el regalo más hermoso que Dios me ha dado el poder disfrutar de su presencia hasta estos días aquí en la tierra, y aunque no puedo verla físicamente ahora, todo lo que traigo conmigo que me ha dado seguirá fortaleciéndome hasta el último día de mi vida.

Entonces, ahora durante esta crisis, ha sido buen momento para poner en práctica algunas cosas

que mi Mama Toña me ha enseñado.
En ese momento recordé que — Cuando estamos mal del estómago lo mejor es usar el orégano y el ajo— me dijo en una ocasión en la que me había dado "pasmo" al comer pescado. También, me acorde que, para el pecho, lo mejor es hervir eucalipto y respirarlo caliente. Además, hay que tomar el agua de jengibre y manzanilla durante todo el día porque me decía que cuando estaba tratando de curar a alguien de una fuerte gripa o tos, ella misma iba por las hojas de eucalipto, había tres hermosos árboles en el terreno allá en su casa de Güija. Entonces, recordé que ella me contaba que habían sido sembrados por mi abuelo Bernardo que en paz descanse hace más de 60 años, mi abuelo partió de este mundo cuando yo tenía 7 años, a penas lo recuerdo. Ella nos curó a todos, aún hoy la buscan en la comunidad para que les "baje los empachos", pero ya no puede, su manita ya está débil, ya no está para esos ajetreos. Aun así, está muy fuerte, lucha día a día con sus achaques, se alivia así misma y, a veces es como una dulce niña.
Después de este déjá vu, trate de recordar a detalle sus enseñanzas para curarnos, esto puedo decir que fueron altamente efectivas, me sentía mucho mejor al beber las infusiones de orégano y ajo, hacia inhalaciones que por no poder tener eucalipto utilice un ungüento que lo contenía y es muy conocido por todos, me evitare decir el nombre lo más probable es que pienses en el que comienza con la letra "V", si justo ese. Bueno, así fue que poco a poco estaba entrando en un nuevo mundo que en realidad no lo era, en verdad había estado en medio de eso todo el tiempo, era parte de mi vida cotidiana pero no había revalorizado su importancia, las enseñanzas recibidas y mi curiosidad me llevaron a

inventarme el mundo mágico de las especias y los tés, eran ahora mi nueva ocupación, aprender mucho más de todas ellas, me llevaría a experimentar una autoformación holística más profunda y, tenía dos personas en las que podía hacer uso de ellas, sin tener nada que perder al contrario mucho que ganar.

Entonces, comencé con lo que tenía accesible. Mi casa pronto se volvió un lugar impregnado por el olor particular del orégano, cada mañana era lo primero que hacía para tomarlo en ayunas. Fue tanto que llegó a gustar mucho la atmosfera cálida y mística que generaba su olor que recorría cada rincón de la casa. A mis hijas terminó por agradarles y ahora hasta lo extrañan, de vez en cuando lo hago para mantener la costumbre y no olvidar que fue algo que nos ayudó mucho, se dice que el cerebro tiende a guardar mejor las memorias cuando hay olores involucrados y este será una memoria para siempre.

También, recuerdo que al día 12 de mi esposo estaba muy mal, realmente mal, casi no tenía fuerzas para hablar, yo ya estaba mucho mejor era mi día 19, no estaba al cien por ciento bien pero ya había pasado lo peor. Ahora me concentre mucho más en él. Este El proceso para su recuperación fue más duro, por un momento pensé que lo perdería, admito que tuve un par de instantes de flaqueza pero no le daba cabida a la debilidad, sabía que parte de mi recuperación había sido mantener una actitud de lucha, estoy convencida por mis experiencias de vida que las emociones tienen mucho que ver con la recuperación en un momento de enfermedad o incluso podemos enfermar a causa de una emoción altamente negativa como la tristeza profunda que se asocia con los estados gripales durante la depresión o ansiedad.

Ese día, observé como mi esposo se apretaba su estómago, estaba tan decaído y minimizado, en el cuarto oscuro allí la mayor parte del tiempo solo, pues habíamos decidido que dormiríamos separados y evitaríamos el mayor contacto posible para evitar una recaída de mi parte y también que las niñas se contagiaran. Afortunadamente, aunque la casa no es grande había espacio suficiente para que cada uno mantuviera algo de distancia.

En esta parte, puede ser que ahora reconozca que fui muy dura, pero sentí que era la única manera, la única arma que tenía para activar algo en la mente de mi esposo que lo sacara del estado de resignación en el que había caído, literalmente estaba dejándose morir, sentía que no estaba luchando, que no estaba poniendo todo lo que pudiera de su parte, pensaba que aún había algo más que dar y que lo estaba desaprovechando. Pasaba todo el día mirando y escuchando las noticias, viendo videos fatalistas y apocalípticos, cosa que yo había estado haciendo, no tenía tiempo para cosas negativas, sin embargo, el allí en esas cuatro paredes estaba dedicando su escasa energía a esas distracciones. Si seguía así iba camino a un viaje de no retorno.

Por un momento considere llamar al servicio de emergencias, pero a ambos algo nos detuvo, teníamos temor de que no estaría bien si iba a un hospital y lo dejamos como última opción. Decidimos hacerlo hasta que no fuera realmente vital. Su hermano, le hacía llamadas de vez en cuando y pudo notar que estaba mal, también hablo conmigo, y expresó su malestar hacia la actitud de no hospitalizarse. No sé, quizás porque consideraba que yo no sabría qué hacer, me descuidaría y podría pasar lo peor, sentí presión de su parte y hasta algo de responsabilidad sobre la situación, sin embargo, no accedí a su mandato. Ya lo habíamos hablado: no iríamos a hospitales. No todavía.

Luego, me dispuse a tomar el valor de enfrentar a mi esposo, de enfrentar su conformismo y decadencia, acababa de rechazarme un plato de comida, una deliciosa sopa de pollo que había preparado con lo último que nos quedaba de vegetales, aun no comprendo cómo nos alcanzó la comida que teníamos para dos semanas. Había estado un momento meditando en mi ventana en la cocina cuando sentí que debía dirigirme a su cuarto, entre sin pensar en las medidas de seguridad, verifiqué que no tuviera fiebre, lo hice levantarse de la cama para cambiar sábanas y sacar la ropa sucia. Puse todo en orden y dije:

—Es momento de dar más de lo que estás dando, es momento de que decidas luchar, tus pensamientos son solo una parte de este proceso, de nada servirá todo lo que estoy haciendo para aliviarnos si no haces tú parte desde esa cama.

Debes comer, pararte, aún te quedan fuerzas, dar uno, dos, tres pasos, los que puedas, pero darlos o hacer el intento. No sucumbas ante el miedo de no saber que es todo esto, solo trata de sobrellevarlo y sobrevivir, te quedan personas por las cuales luchar, la guerra no está perdida. Y a continuación, dije algo que pienso fue el punto clave que desencadeno un verdadero cambio en su actitud.

Si seguirás así, rechazando todo lo que te puede hacer bien a tu cuerpo y resignado a no hacer nada más por ti.

Te sugiero que hagas las llamadas que debas hacer para hablar con tu familia, tus hijas y tus nietos. Si continuas así es mejor que lo hagas, porque ya no puedo ayudar a quien no se quiere ayudar a sí mismo, mi fe, mi determinación y apoyo hacia ti se acaba en el momento en que dejes de luchar por ti. —Y di la vuelta saliendo de la habitación, con una sensación de estar liviana de mi pecho, mis lágrimas entonces comenzaron a salir como un torrente hasta el cuello.

Hubo un silencio sórdido en toda la casa por casi una hora. luego, escuché unos pasos tambaleantes que rozaban el piso hacia la cocina. Era mi esposo y dijo: —Caliéntame la sopa, la comeré —Desde ese momento aceptó todo lo que pude darle, las infusiones de orégano, los tés, y todo lo que podía preparar, en pocos días estaba mucho mejor y había comenzado a recuperarse. Tuvo ánimos para que fuéramos a buscar víveres por lo que eso era la señal definitiva de que se había curado. Después, Aproveché y compré todas las hierbas que pude, me había informado durante este tiempo, ahora sabía más a ciencia cierta de sus usos que antes. Luego, descubrí que el orégano es antiinflamatorio natural, por consiguiente, nos había ayudado mucho porque según los expertos el virus enemigo provocaba la inflamación de los alvéolos, quizá por eso fue tan eficaz, esto es solo una suposición mía, no estoy diciendo que es la cura, sin embargo, de algo no tengo duda nos ayudó mucho a sentir alivio. Espero un día puedan estudiar más a fondo las propiedades de dicha planta. La madre tierra nos da lo que necesitamos y no valoramos, es momento de reflexionar en esto y ser cada vez más humanos y respetar cada parte de ella.

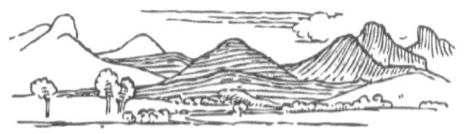

8. PAISAJES DE CUARENTENA

A finales del mes de marzo, luego de varios días de recuperación, estábamos adquiriendo nuevas rutinas para las actividades que antes eran tan diferentes como el hecho de asistir a la escuela, eso ya no era una opción, ahora debíamos introducirnos en el mundo "online" del aprendizaje a distancia para todos los estudiantes tenían que involucrar más tiempo, esfuerzo y recursos de nosotros los padres. A veces era en verdad estresante poder comprender como funcionar con la logística de las clases. También, teníamos que poder apoyar a nuestros hijos. Sin embargo, todo es un proceso y poco a poco lo hemos logrado.
Al mismo tiempo, experimentamos la llegada de la primavera, donde mi esposo volvió a tocar el requinto y la guitarra, yo volví a mi estudio de arte. En esos días, mi musa fueron los paisajes que no podía salir a ver, en diferentes colores, hice pinturas en pequeño formato

donde creaba paisajes invernales, campos abiertos de trigo, caminos de lavandas, peñascos, árboles de cerezo, montañas multicolores, colinas otoñales y también uno alusivo a la pandemia "Spring Girl", que fue publicado días más tarde por la prensa de El Diario de Hoy, en El Salvador junto a otros artistas.

Fue asi que, durante los días de encierro obligatorio, cuando no hay más opción que limitar tus experiencias extrasensoriales, comienza una búsqueda de alternativas por mantener vívido lo que nos hace sentir libres.

En ese justo momento cuando mi pincel toma un rumbo a la composición estética paisajista. Decidí hacer una pausa a la corriente con la que estaba trabajando en matices e interpretaciones de la línea. Mi mente se detiene a apreciar y unir colores o detalles, recordando accidentes y hallazgos naturales y otros imaginados bruscamente. Busco la luz en estos paisajes, los verdes, los cálidos, busco aquel rayo de sol que se me ha negado por este tiempo, añoro colocar mis pies descalzos sobre el pasto, y oler la flor del cerezo.

Me lanzo hacia el mundo exterior en cada uno de ellos, utilizando acrílicos y papel Fabriano, sencillos pero entregados con el alma en un rincón de la cuarentena. Estuve durante todo un mes y medio pintando paisajes los cuales fueron como una ventana de escape hacia el exterior. La imaginación creativa unido a la fuerza de voluntad y a una disciplina pueden hacer que todo lo demás sea más fácil de sobrellevar. En este proceso el arte estaba jugando su papel sanador, ya que era justo lo que necesitaba luego de pasar los peores días, aun estábamos recuperando fuerzas, pues estimamos que pasaron cerca de 30 días para sentirnos completamente bien. Éramos otros, la cuarentena nos ha enseñado mucho, a conocernos mejor a nosotros mismos, a valorar mejor a las personas que nos aprecian, a nuestra familia, a reconocer a los verdaderos amigos, a aprovechar mejor cada segundo de la vida, a decir las cosas como son, a mostrar más amor y aceptación, a ser resilientes, a sacar lo mejor que hay dentro y por supuesto, como dice mi amigo Oscar, a "mantenerse más humano" a no dejarse vencer tan fácilmente a luchar con garbo y coraje ante todo, a no decaer en la fe y confianza, a darnos cuenta de que nada somos si no servimos a otros, a ser agradecidos y respetar todo lo que hay en la tierra.

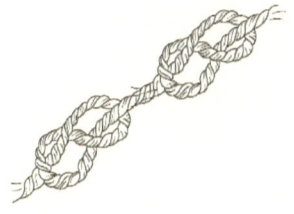

9. CONSTRUYENDO MEMORIAS

    Siempre trato de mantener comunicación con mis amistades más cercanas y mi familia, y en esos días de confinamiento había tiempo para ello como nunca. En esos días incluso hice nuevos amigos a través de las redes sociales. Todos ahora estamos navegando en el mismo barco sujetando nuestra amistad con cuerdas resistentes, por medio de memorias entrelazadas.

Era el 12 de junio del 2020, esa tarde me di cuenta por medio de la plataforma virtual del periódico El Faro, que el Museo de Arte de El Salvador (MARTE), había cerrado sus puertas, según la noticia en ese momento era un cierre temporal, pero sin muchas esperanzas de abrir pronto, pues habían despedido a la mayoría de las personas quedando solo con tres personas esenciales para mantener el cuidado de las obras. La noticia me impactó.

Si una institución como esa cerraba, la cual se suponía estable, ¿Qué pasará con los pequeños, los grupos de artistas independientes, los colectivos, y todo el que se dedique al arte? No había duda de que había que hacer algo, no se trata de salvar a todos, sino, aportar un granito de arena para mitigar la dura situación del artista o por lo menos hacernos escuchar y dejar una huella de estos difíciles tiempos, así como también poder llevar un mensaje esperanzador a otros.

La reflexión de esa noticia, me hizo ver cómo podía hacer algo desde aquí. Tuve la dicha de conocer personas maravillosas en el mundo artístico en Santa Ana, como Anita Rivera, Iván Peñate, Iris González, Rosita Morales, Marina Sigüenza, Evy Ulloa, Miguel Ángel Sermeño, Marinita García, Luis Fernando y muchos otros, con los que hicimos proyectos, intercambiamos muchas experiencias en los caminos del arte, nos hicimos amigos, compañeros de tertulias, soñamos juntos con lograr muchas cosas. ¡En fin! tanto que contar al respecto…

En este momento, mi corazón se me estremece por la nostalgia que me produce escribir estas líneas por todos y cada uno de mis viejos amigos. Esto provoca el deseo en el alma que todos alcancen su propósito y, logren llevar a cabo todas sus aspiraciones, con esfuerzo y dedicación, persistencia y entusiasmo sé que lo harán, sé que son grandes luchadores y no "tiraran la toalla".

No me quejo, también, la distancia me ha dado más amigos y hermanos en el arte, la idea que he concebido a esta altura me llevo a fraternizar con personas que las considero ahora realmente parte de mi vida, como mi amigo Oscar Pérez, Dinora Segundo, Miguel Quevedo y otros, que más adelante se mencionan.

Como dije al inicio, siempre me gusta mantener comunicación con mis amistades y en ese sentido pude conocer de primera mano algunas de sus experiencias durante el confinamiento. Eso me llevo a pensar, en reunir todo eso y documentarlo, hacerle ver al mundo

EL ARTE Y YO EN TIEMPOS DE PANDEMIA EN EL SALVADOR

que hay voces en la oscuridad que estamos gritando a través del arte. Ser una voz y decir que, aunque el mundo tenga un "stop" el arte no morirá jamás. Sino que, hacer ver que justo durante este tiempo difícil el arte se fortalece y ayuda a sobre llevar la vida misma. Plantear desde los ojos del artista, como es vivir en cuarentena y dar a conocer que todavía queda mucha motivación, que aún hay esperanza.

Es así, como hice un llamado en esos días a varios de mis amigos y compañeros en el arte para trabajar en lo que llamé "El Arte y Yo en tiempos de pandemia en El Salvador", un proyecto editorial donde documentaria parte de mi vida junto a algunas experiencias narradas por algunos artistas entre ellos pintores, escritores, músicos y actores de teatro, todos con espíritu emprendedor, de corazón abierto y apasionados por su arte. Les planteé la idea a todos y a cada uno, de los cuales aceptaron en principio 15 y luego se fueron agregando otros hasta llegar a un total de 21. Por lo que sin más que esperar en el mes de julio comenzamos a reunir los siguientes relatos que forman parte de sus experiencias vividas desde la incertidumbre y la zozobra, pero también con la esperanza de que todo mejorara y con la seguridad de que con nuestros esfuerzos trabajaremos por un mejor porvenir pese a las circunstancias.

Mi emoción no era para menos, estábamos dando el primer paso que era aceptar el reto de compartir parte de nuestras vidas durante el confinamiento. Con un fin ágape de poder apoyar el arte de mi país, de alguna manera, aunque sea con un granito de arena, los primeros recursos que se generen de este proyecto dispuse que darán vida a una iniciativa para apoyar a los niños en sus primeras manifestaciones artísticas, al contemplar todos este sueño y objetivo que en un inicio fue mío, pero ahora es de todos, no dudaron y cada uno compartió un breve relato de uno de sus días durante la cuarentena.

EL ARTE Y YO EN TIEMPOS DE PANDEMIA EN EL SALVADOR

"Me falta el aire y las palabras para expresar a todos ustedes amigos míos mi agradecimiento por su decisión de aceptar formar parte de este libro que tienen en sus manos, admiro su arduo trabajo y su genuina pasión por su arte, y puedo decir que encontré almas cálidas y bondadosas, sin egoísmos y con mucho que aportar a otros para su crecimiento como personas y como artistas, ustedes mis amados serán ejemplo, sin pretender serlo, de lo que es la determinación, la entrega, la disciplina, la autogestión, el empoderamiento, la persistencia, representarán la microhistoria en el arte, a los que luchan desde los rincones a lo largo y ancho, para llevar un mensaje a través de las letras, los pinceles, las tablas teatrales y la música para las nuevas generaciones de nuestro gran país El Salvador. ¡Gracias ¡

Con amor su amiga Suley.

10. CUARENTENA EN EL SALVADOR

"La vida es tan frágil, el mundo entero no estaba preparado para una crisis de esta magnitud, aunque creamos que vivimos los tiempos más favorables para la humanidad, debemos cuidarnos más, amar más, porque solo el amor nos hace superarnos y tener una razón para vivir"
-Rosa Evelia Morales-

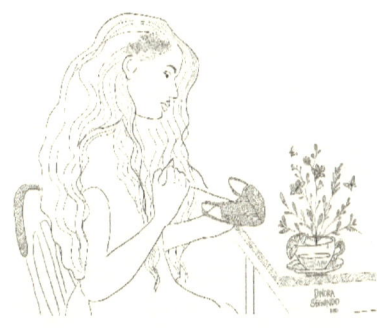

Era marzo del año 2020, un anuncio presidencial, nos dejó perplejos, lo digo así porque El Salvador entero era víctima del pánico, el sueño se marchó de nuestras vidas, la angustia y el miedo se apoderó de cada ser que respira y piensa; desde, ese día nada volvió a la normalidad, los amaneceres perdieron su color, se tornaron grises, las noches interminables;

cada vez más en cada anuncio presidencial el corazón se aceleraba, los sobresaltos eran indispensables con las noticias que contaban el sufrimiento de un pueblo, hambriento, enfermo y con miedo; el terror psicológico físico y mental era el pan de cada día.

Después, vino la desesperanza y añoranza de amores alejados, cumpleaños no celebrados, las amistades sufriendo la pérdida de seres queridos, las sonrisas se apagaron en la lejanía que sólo aquellos más cercanos conocían el verdadero dolor del prójimo; porque para muchos el enemigo estaba en su propia casa y no era precisamente el Covid 19. ¿Cómo sobrevivir en medio de este panorama? ¿Cómo no perder la cordura? ¿Cómo dar palabras de aliento cuando ya no las tienes?

Lo primero que debimos hacer era crear una nueva rutina, donde salir de casa era penado, una rutina que se asemeje a lo que antes hacías, pero sin salir de casa, que mantenga la mente ocupada y el espíritu fuerte para sobrevivir y el ejercicio era una opción para sustituir los largos ensayos de danza que no hay más. El redescubrimiento de la cocina se volvió otra opción, que además de degustar una rica comida se debía cumplir con los retos que se volvieron comunes en esos días. El regreso al huerto casero, el amor por las plantas era una inspiración, nunca mis plantas florecieron tanto como en esos días.

Modelar y tallar tazas de barro me entretuvieron dos semanas, media docena de tazas con su pailita, sí que fue terapéutico, a eso agregarle, hacer el horno en que quemarlas ocupó otros días.

Pintar todo lo que encontraba en casa era una necesidad, comales, mesas, paredes, todo aquello que se pudiera pintar estaba bien.

El día que se nos asignaba salida, según nuestro documento de identidad era una gran alegría, no sólo por salir, si no que iba a ver a mi hija que estaba sola en cuarentena, llevarle frutas y otras cosas que necesitaba, era imperante, platicar con ella y verle llenaba mi corazón; a veces se sumaba una amiga que decía volverse loca si no hablaba con alguien, nos juntábamos en la calle porque en la colonia donde mi hija vive no dejaban entrar a nadie si no vivía allí, así que nos sentábamos bajo un árbol de mango y hablábamos por horas.

Sin embargo, por limpiar tanto con lejía y sumado a mis problemas alérgicos, mis bronquios se debilitaron y empecé a tener problemas para respirar, los inhaladores no funcionaban, es así como vuelvo a las medicinas ancestrales, preparando a diario una infusión que me hizo mucho bien y este contiene: Eucalipto, Orégano, Limón, Jengibre, Romero; lo divido en dos partes: a la primera en una taza le agrego miel de abeja y es para tomarlo, la otra parte se deja en el recipiente y se le agrega Vick Vaporub, para inhalar, el vapor que se deja a fuego lento; por esta razón las mascarillas quirúrgicas no las soportaba además que se escasearon y se volvieron muy caras, los costos se elevaron al triple de su valor, por esta razón empecé a fabricar mis propias mascarillas de tela, al verlas, las amigas hicieron sus pedidos y también las pintaba con motivos florales, a esto se sumaron los turbantes y se volvió toda una moda el uso de las mascarillas con su propio turbante fue así como comenzaron los pedidos y pasaba muchos días cosiendo y pintando mascarillas que confieso disfrutaba pintarlas pero no confeccionarlas eso me estresaba; hasta que un día no las hice más, además quiero contarles una anécdota: un día apareció en mi puerta un niño de ocho años y dijo llamarse David, él era vendedor ambulante y seguido pasaba por mi casa ofreciendo sus productos y me hizo un pedido especial, quería una mascarilla que tuviera al hombre araña y el lagarto, busque una imagen por medio de internet y le gustó una en especial y pactamos el precio sería un dólar por la mascarilla, prometió pagarla de "cora" en "cora", como a los tres días volvió y la mascarilla no estaba lista, llevaba la primer cora, pero al ver otras de tela camuflada le gustó y dijo llevarse esa y que en la próxima vez llevaría el dólar completo, a los días apareció de nuevo y, esta vez estaba lista la del hombre araña, pero me contó que él solo llevaba las tres coras para terminar de pagarla, entonces, me dijo que le había dado hambre y, compró comida, yo me di por bien pagada al ver la sonrisa dibujada en su rostro, al ver la mascarilla, quedó preciosa, modestia aparte, desde ese día no volví a verlo, pero mis amistades no se olvidan del pedido especial en el que recibí una cora en pago.

Este año desde sus inicios fue de mucha expectativa para mí, ya que cumpliría mi año cincuenta y, quería que fuera especial y todo cambió de color cuando entramos en cuarentena, mi hija planificaba un pequeño agasajo y habíamos hecho lista de invitados, lugar y otros, todo eso se esfumó en un instante, yo sentía que mi cumple sería muy triste, ¡pero que creen! mis seres más queridos no me dejaron sola. Un día antes una amiga muy querida vino a mi casa con todas las medidas de seguridad, me trajo un rico almuerzo y un regalo que me encantó, el día de mi cumple recibí la visita de otra persona muy querida que me trajo un pastel riquísimo, mi hija como era de esperarse pidió un rico almuerzo y trajo pastel, mi hijo también compró pastel y fue el cumpleaños que más pasteles recibí, llenaron de alegría mi día, no fue como lo planeamos pero si me sentí muy querida, ¡ah! y el día siguiente otra amiga muy querida también vino y trajo un rico almuerzo; tres días de celebración y yo pensaba que sería triste.

Los retos eran comunes por aquellos días y recibí la invitación para pintar algo que represente los tiempos de Covid y quise hacer un autorretrato, usando un precioso turbante con mascarilla, en medio de unas hermosas flores, significando para mí que a pesar del caos siempre hay belleza y esperanza; los fondos grises no son mi estilo, pero era la forma de ver el caos, la confusión y la angustia; la luz reflejada, el ser supremo que nos protege, fortalece y nos hace tener viva la esperanza, para poder seguir.

Los días pasaban lentos y con mucha prisa marchitaban cada vez más la imagen en el espejo, la tristeza en el rostro no se podía disimular.

Los problemas familiares se agudizaban en el encierro, la vida se marchitaba poco a poco, los problemas de los hijos es el dolor más grande de una madre ¿Cómo solucionar lo que no está en tus manos? ¿Cómo sacar de la oscuridad al que no quiere salir? ¿Cómo lidiar con esto que cada día te consume en la tristeza y dolor?

Después de la tormenta siempre viene la calma, sentí la fuerte necesidad de hacer cambios en mi aspecto físico y mi casa, decidí cortarme el cabello, nunca en mi vida había tenido el cabello tan largo y rizado, pero no lo soportaba más y el primer día que abrieron los salones de belleza fui y pedí que me lo cortaran lo más corto posible, luego me lo alisé y prueba superada.

Ahora, era el turno de cambiar mi casa y me encerré

muchos días organizando, pintando de mil colores, cada uno de los rincones tiene detalles artísticos, pero, el que más me encanta es el mural que hice en mi cuarto, este me llenó de satisfacción he hizo el despertar por las mañanas más especiales, lo primero que veo es ese enorme árbol y muchas flores de colores me llenan de inspiración, traen a mi mente recuerdos muy agradables, cuando de niña despertaba en la casa de campo con ese rico olor a flores de Mirto, que provocaban en mí, paz y tranquilidad.

La pandemia no fue del todo mala, también, salieron cosas positivas, como la descontaminación ambiental que fue un respiro para el planeta, los animales se tomaron las calles al no haber personas y caminaron libres, se hicieron avistamientos por todos lados de animales que todavía existen libres en nuestros ecosistemas, experimentamos el silencio y la tranquilidad que por mucho tiempo no tuvimos, bajó el activismo ocupacional donde llegábamos a casa solo a dormir, experimentamos el estar en familia otra vez, cocinar un rico platillo para la familia, hacer aquello que más nos gusta y por qué no teníamos tiempo no lo hacíamos, algunas personas pudieron dormir hasta que el cuerpo aguantara, el cabello descansó de tintes y otros procesos químicos, nos desintoxicamos de la comida chatarra porque comimos más sano, algunos sumaron libras otros las bajamos, etc.

Algo que si pienso fue muy provechoso es el tiempo que tuvimos para reflexionar y adentrarnos en nuestro ser, fue un redescubrirnos desde adentro, un trascender de la vida, haciéndonos más conscientes del momento que vivimos; que la vida es tan frágil y que el mundo entero no está preparado para una crisis de esta magnitud aunque creamos que vivimos los tiempos más favorables para la humanidad, debemos cuidarnos más, amar más, porque solo el amor nos hace superarnos y tener una razón para vivir.

Concluyo que las diferentes expresiones del arte que realicé fueron las que me permitieron soportar ese encierro que vivimos y sobrellevar todas las dificultades; el arte me da paz, armonía, tranquilidad y motivos para seguir, cuando pinto el tiempo se detiene y nada más importa; la enfermedad no se termina, pero cada día nos hacemos más fuertes, ¡Porqué lo que no mata fortalece!

EL ARTE Y YO EN TIEMPOS DE PANDEMIA EN EL SALVADOR

"Dejar un legado, no solo venir a este mundo y subsistir, sino venir a este mundo y dejar una huella. No importan las dificultades que se afronten, pues si se logra impactar una vida de manera positiva y rescatar a muchos que, por las corrientes y por la edad, se desvían un poco, y luego darte cuenta que fuiste un ente de cambio, entonces les digo: Misión Cumplida"

-Evy Analyn Ulloa-

En verdad, me he aventurado en un área que jamás había explorado, pues me dedico a impartir clases de arte, en las ramas de dibujo, pintura y manualidades en una institución gubernamental. Mi deseo y anhelo es llevar el arte a todos los jóvenes a los que se les dificulte pagar unas clases. Además, esparcir la semilla de lo poco que sé.

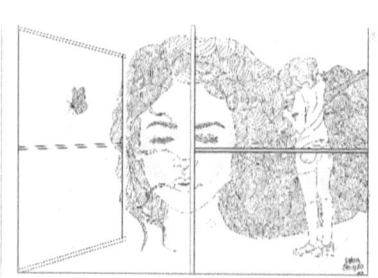

Este reto de escribir acerca del arte y yo en tiempos de pandemia en El Salvador, fue algo realmente inquietante; en verdad, ha sido un honor poder ser parte de este proyecto.

Al igual que todos, he pasado por diferentes procesos, me he preguntado: ¿Sí he de salir de todo esto? Esta interrogante es producto de las dudas y temores que he tenido. No cabe duda que esta pandemia nos cambió la manera de ver la vida. Ahora bien, si recurrimos a la historia de El Salvador, hemos pasado por mucho, desde desastres naturales, conflictos armados, me atreveré a decirlo, políticas que favorecen a unos cuantos que llenan sus bolsillos y una gran desigualdad social. Pero, hay algo que nos caracteriza a los "Jalvadoreños", es que, como lo decimos acá: somos cachimbones y, de alguna forma nos las arreglamos para salir adelante. En estas líneas podrán ver mi vida expuesta ante sus ojos como manera de testimonio, que, aunque tenemos adversidad, con la ayuda de nuestro Dios, fe, esperanza, mucha tenacidad y esfuerzo, podemos salir adelante.

Empiezo por contarles el inicio de la pandemia, allá a mediados de marzo, en donde ya se escuchaba sobre un virus chino, como lo oíamos en las noticias, pero jamás, me imaginé que pudiera volar y traspasar las fronteras de esa manera. Escuché las cadenas nacionales, en donde nuestro presidente nos hablaba de algo inimaginable y, me decía a mí misma: No puede ser. Y en efecto fue, llegó el día que alguien decidió entrar por un punto ciego y traer la contaminación. Qué duro fue cuando empecé a escuchar las noticias que empezaba a haber personas fallecidas y, más difícil aun cuando las personas fallecidas eran conocidas mías. En mi colonia, el temor se apodero de ellos y nadie quería salir ni a la puerta, yo decidí que no podía dejarme vencer por eso y, lo primero que hice fue pedirle a Dios que nos guardara de tal mal. Luego de eso, empecé a pensar qué hacer para que, de alguna manera, pudiera aliviar el sentimiento de temor que existía en mis alrededores. De ahí, me salió la idea de poder plasmar un mural para alegrar la vista de todo aquel que lo viera, quise aprovechar la naturaleza, ya que cuento con hiedra en la pared, y esto me facilitó el diseño. Hice el perfil de una mujer, que representa la naturaleza, la cual estaba recuperándose de todo el daño causado por el hombre.

Luego de ello, le agregué mi toque personal, pues siempre he querido alzar mis alas y volar. Entonces, decidí hacerle alas de mariposa monarca, las cuales amo. También, le integré a mis hijos en forma de volcanes y el árbol de Maquilishuat que representa a nuestro bello El Salvador. Qué les puedo decir, ahí, empezó lo más lindo y maravilloso de todo esto. Vi cómo mis vecinos, a través de sus ventanas, me vitoreaban y decían palabras de agradecimiento por alegrar su vista.

Se involucraban apoyándome con sugerencias y, se les olvidaba por un momento del triste momento, por el cual estábamos atravesando. Sé que, para muchas personas era muy difícil, pues hubo tantos que, por no ir a sus trabajos, se quedaron sin sus fuentes de ingreso. Veía banderas blancas por donde quiera y mi corazón se partía por no poder ayudarlos. Con esto no quiero decir que, para mí no fue difícil afrontar las dificultades económicas, porque si lo fue. El poder abastecer mi casa, siendo una madre soltera y proveer para cinco personas. Pero es ahí donde sacamos la casta, esa que nos impulsa a salir adelante, esa que no nos permite detenernos, esa que te dice: Haz esto, haz aquello.

Estaba acostumbrada a enseñar a multitudes de jóvenes, pero ahora me encontraba en mi casa, queriendo ver de qué manera poder llegar a ellos, pues ellos son los "sin voz", los que han tenido que quedarse en casa, sin decir nada; las redes sociales se volvieron vitales para poder ayudar. Decidí reinventar mi manera de enseñar, sabiendo que todos estos jóvenes no contaban con materiales y recursos. Expuse mis deseos y planes a mis superiores para poder tener luz verde; y la obtuve, solo que no contaba con materiales para hacerlo. Muchos me dijeron: No se puede. Otros me dijeron: Es por gusto.

Hubo alguno que me dijo, "te vas a meter en un lío", pero todos esos comentarios no me detuvieron, logre tener en línea a muchos jóvenes; estoy haciendo videos, prácticos y sencillos de manualidades con reciclado, para que ellos puedan hacerlos y, se los digo con toda propiedad, no me arrepiento, es los más bello y satisfactorio poder llegar a tanto joven necesitado. A través de todo esto, he logrado tener mucho más abarque que cuando lo hacía de manera presencial. Qué más puedo pedir, al ver los trabajos de ellos, ver la imaginación y la creatividad con que los ejecutan me hace sentir satisfecha. Todo esto me hace recordar mi infancia, donde yo ya empezaba a dar los primeros pasos de lo que se convertiría en mi gran pasión. Recuerdo que recogía conchas, semillas, creaba tantas cosas como se me ocurriera. Esta es mi vida, esta es mi pasión, siempre he amado crear, hacer algo desde el principio hasta el fin, empezando de la nada, y es eso lo que quiero transmitir a las nuevas generaciones. Creo que es eso lo más satisfactorio que puedo experimentar. Dejar un legado, no solo venir a este mundo y subsistir, sino venir a este mundo y dejar tu huella plasmada. No importan por las dificultades que se afronten, pues si se logra impactar una vida de manera positiva y rescatar a muchos que, por las corrientes y por la edad, se desvían un poco, y luego darte cuenta que fuiste un ente de cambio. Entonces, les digo misión cumplida.

Aparte de hacer mi mural, cuadros al óleo, acrílicos y una infinidad de botellas de vidrio recicladas convertidas en bellos objetos decorativos, me introduje en el arte culinario, empecé junto con mi cuñada a hacer comida para vender con el fin de poder tener un poco más de fondos y comida para la familia. Qué sorpresa cuando empecé a ver que la aceptación de esto era muy buena, pues tengo un lema que siempre lo he dicho, "Debe de gustarme a mí para que les guste a los demás". Este lema es en todo lo que hago, y algo muy importante en mi vida es que todo proyecto lo pongo en las manos de Dios, he visto su provisión de manera sobrenatural; jamás pensé que darle un primer lugar a Él en mi vida hiciera que mi vida cambiara, que el pesimismo y la negatividad llegan a un punto de enfermar el cuerpo y, gracias a la fe en Él, pude salir de muchas batallas. En medio de grandes pérdidas en mi vida, he salido adelante de muchos fracasos, porque sé que, con la ayuda de Dios, nada es imposible.

Para contarles mi vida, no alcanzarían unas cuantas páginas. No sé qué me depara el destino, mi deseo es continuar aprendiendo, capacitarme, conocer culturas, conocer el mundo y tener la oportunidad de hacer obras y exponerlas. Pero, mientras tanto, desde mis trincheras quiero cambiar el mundo para otras personas, esas que no tienen oportunidades, esas que viven el día a día sin metas ni objetivos y logrando eso me siento feliz.

Quién me iba a decir, que en tiempos de pandemia resurgen amores, se solidarizan, estrechan grandes amistades, surgen nuevos proyectos y, se logran objetivos.

Mi querido lector, quiero darte las gracias por leer mis líneas, mi vida expuesta ante tus ojos. Ánimo, sé que muchos lloran la pérdida de un ser querido, sé que se pasa por muchas dificultades, y que nuestro recorrer por la vida no es fácil. Pero, debes de poner tu fe primero en un ser Supremo y luego en ti, que, a pesar de todo, saldrás adelante. Haz lo que te apasione, vive día a día, demuéstrale al mundo que desde tu rincón estás haciendo mucho, nunca pierdas la esperanza de un futuro mejor; que también nosotros, desde el pulgarcito de América, estamos poniendo nuestro granito de arena. Saldremos de esto y, saldremos como pasados por fuego, como el oro, que cuando pasa por fuego da su brillantez igual que un diamante, que no da su luz hasta que un pedazo de carbón es procesado. Nunca dejes de sonreír y, si eres como yo, una loca por el arte, experimenta, hazlo, verás que poco a poco irás perfeccionando y te asombrarás de todo lo que eres capaz de hacer.

Con amor.
        Evy.

EL ARTE Y YO EN TIEMPOS DE PANDEMIA EN EL SALVADOR

"Quería mi propia normalidad dentro de la nueva normalidad. Traté de ser feliz, me sentía plena"

-Patricia Hernández-

Y así cambiaron mis planes. El año 2020 iba a ser uno de los mejores años de mi vida, un libro publicado, un viaje a la capital de la cultura latinoamericana, mi amado México, una prometedora carrera como cantante de ópera y un trabajo estable. Mamá por fin estaría orgullosa de mí, pero todo cambió de un día a otro.

Cuando creíamos que El Salvador sería inmune, un sujeto decidió cruzar la frontera de manera ilegal y los contagios iniciaron. Se establece "cárcel domiciliar" para todos, la cárcel puede ser un buen lugar para pensar, para crear, si sabes moverte y sacarle el mejor provecho y, de alguna manera, así fue.

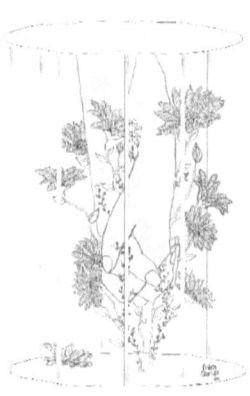

Siempre me gustó estar en casa, amo esa sensación de hablar conmigo misma, de leer o escuchar un buen podcast. Pienso que la soledad te ayuda a pensar con claridad, bueno, hasta cierto punto. Así fue cómo, en medio de la incertidumbre, decidí perfeccionar mis habilidades: La escritura y los cuentos extensos empezaron a surgir; mi editor estaba feliz, parecía que había más potencial en la autora de "Aliento de cachorro" que el libro tendría más de cincuenta páginas.

No todo era tan malo como parecía, los planes únicamente se postergaban y la vida abría paso a nuevas posibilidades para el 2021. Habiendo renunciado al trabajo, tendría más tiempo para escribir y hacer lo que me gustaba, pero llegó algo nuevo: la peste del insomnio. Esta vez, no se trataba de gallitos de caramelo, sino de problemas graves del sistema nervioso. Era el estrés de llegar a los treinta años, la ineludible vida de adulta me conflictuaba, el paso del tiempo, una carrera contra reloj.

Pero, no me di por vencida, con la ayuda de mi pareja y los amigos, logré sobrevivir. Perseverar era la palabra clave, dicen -el agua rompe la piedra por su perseverancia-. Decidí tener la mejor actitud ante la vida, di la batalla, mis emociones estaban estables (cosa extraña en una persona de signo cáncer).

Los meses pasaron... el dinero escaseaba, conflictos con mi compañera de casa, era ella, su depresión y su desorden, decidí ayudarla. No sirvió de nada, el alcohol destruye vidas y yo no tenía tiempo de velar por otra vida que no fuera la mía; total, la cosa era como en una cárcel, o cazas o eres cazado, y mi carrera valía mucho más la pena.

Dicen que las crisis llegan por algo, que te empujan a hacer cosas que antes no te atrevías a hacer y que las mejores ideas han surgido de las grandes necesidades. Pues... la pandemia me acercó a mi madre, su temperamento había sido doblegado, quizá era tiempo de estar con ella; vulnerable, cansada, aceptó mi ayuda y no puso reparos en ser amable, decidí bajar la guardia, olvidar los momentos difíciles y simplemente servir.

Volví a mi casa renovada, los días con mi madre y su situación habían hecho cambiar algo en mí, y con más decisión que nunca; me apunté a cursos, concursos literarios y comencé a salir un poco a la calle… en pocas palabras: Decidí vivir. Me aparejé de vitamina C, inmunizantes y alimentos nutritivos. Quería mi propia normalidad dentro de la nueva normalidad. Traté de ser feliz, me sentía plena. Lo único que hacía falta ya era un buen helado Boston.
Ya no tuve miedo, el éxito había de llegar.

EL ARTE Y YO EN TIEMPOS DE PANDEMIA EN EL SALVADOR

"Me regalaban frases de motivación, como: "Que Dios me ayudaría y que fuera positiva", sigue adelante, sé feliz y te vas a recuperar pronto"

-María Mercedes Navarro Martínez-

Este breve escrito sobre mí lo he titulado: Diario de la Transformación y Resurrección.
Me levanté con ganas de hacer muchas actividades, preparé mis alimentos, me puse a revisar mis redes sociales, en la cual, había una invitación desde Venezuela para hacer un video-poema que tratara sobre la pandemia, pero sin mencionarlo. Luego, cuando ya tenía mi escrito, con mi hermana decidimos grabar el poema. Hicimos muchos intentos y, una poeta de Venezuela nos los revisó, y no me di por vencida. Al cuarto ensayo mi hermana y yo lo enviamos.
Ese video apareció en las redes sociales, me sentí muy feliz al ser parte de los muchos países que aparecimos.
Días después, una de mis mascotas partió de este mundo terrenal. Sentí gran tristeza en mi alma enorme porque durante el confinamiento, convivió mucho conmigo y varios años. Razón por lo que, un día me puse a escribirles algo bonito y coloqué una fotografía, en el escrito, para recordarlos.

Por otra parte, en mayo para ser exacta, un grupo de artistas llamado "Umbral de la Inspiración" del que soy miembro, me hizo la invitación para que hiciera un escrito y, luego lo declamara sumándole palabras o frases por ser el día de la madre.
Di por terminado el escrito; mi hermana me ayudó a grabarlo, así como lo habíamos hecho anteriormente. A

mi mamá le gustó, fue muy significativo para ella y para las demás personas.

Ahora bien, para el día del padre fue diferente, porque el escrito lo realicé por cuenta propia y quedó feliz mi papá; después de leerlo, al final lo declamé, mi hermana me grabó para subirlo en mis redes sociales.
Recibí una invitación, de un amigo de Colombia para que hiciera un poema sobre cómo he pasado la pandemia. Además, que lo mandara en audio porque se transmitiría en radio de varios países.
En seguida, me hicieron llegar otra invitación para que hiciera un poema y lo enviara;
también que les mandará nombres de emisoras de El Salvador para que se pusieran en contacto.
Por otro lado, les contaré otro acontecimiento, jamás me había pasado: Resultó que comencé con síntomas de gripe, con fuerte dolor de garganta y dolor en las amígdalas. En seguida, resulté con fiebre y dolor de cabeza, entonces mi mamá con mi hermano me llevó a pasar consulta.
De regreso a la casa sentía una carga en mis hombros y cuello, solo quería tener mis ojos cerrados. Al día siguiente, me tomé las pastillas con doble dosis. Por último, le hablé a Elías, el doctor que me las recetó y me dijo que ya no continuara tomando. Rápidamente, en la noche no podía dormir, se me venían pensamientos irracionales, alucinaciones feas y tenía pesadillas.
De modo que había perdido la fe en Jesucristo. Por consiguiente, en esa misma semana, mi padre, mis hermanos y demás familia se sintieron muy preocupados por mi estado de salud porque mis noches eran de lamentos; no soportaba el dolor en mi cuello.
Lo difícil fue que pasé con varios doctores y no me

diagnosticaban la causa del dolor. Inmediatamente, pasé con un doctor de apellido Chafoya, él me ayudó mucho con palabras de positivismo y con medicamentos. Hubo un momento que lo encontré preocupado por mi salud, hasta que logró hacerme una cita con un neurólogo y encontrar una solución a mi dolencia.

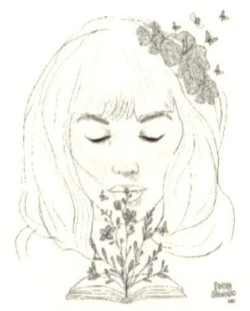

Así, al transcurrir los días llegaban a la casa amigos, vecinos y un psicólogo (Marcos), que me regalaban frases de motivación, como que Dios me ayudaría y que fuera positiva, "Sigue adelante, sé feliz y te vas a recuperar pronto", vale la pena decir que un día el doctor Elías me vio muy mal y suplicamos a Dios para sanarme. A pesar de eso, mi fe ya la había recuperado a través de mi experiencia, las oraciones y palabras de ánimo.

Finalmente, llegó el día para pasar consulta, el doctor me hizo pruebas y definitivamente supe que estaba padeciendo Neuralgia de Arnold o Cefalea por lo que me recetó medicamentos, con la que me he sentido muy feliz y con buena salud.

EL ARTE Y YO EN TIEMPOS DE PANDEMIA EN EL SALVADOR

"La obra artística producida durante el encierro...otra manera psicológica de evitar el confinamiento"

-Francisco Arturo Alarcón Lemus-

En mi experiencia personal inicia progresivamente con una preocupación superficial, pero a medida que los acontecimientos se van dando, pasa a ser más una preocupación esencial. Después que, vi los primeros casos se dieron tan lejos de nuestro país que, jamás creí que fuéramos afectados de forma directa.

En las primeras cadenas de radio y televisión de parte de la presidencia de la República, me doy cuenta que todo va en serio. En la universidad donde laboro como docente, en los primeros días del mes de marzo, se nos ordena que debemos quedarnos en casa y esperemos nueva información.

Sorpresivamente, las autoridades universitarias ordenan ya no dejar entrar a nadie en las instalaciones, sin embargo, las clases continuarán en línea y así lo hice, principalmente por WhatsApp y por correo electrónico. Lo realmente difícil estaba por venir y era el confinamiento obligatorio. Previo a ese confinamiento, recién se descubre el primer caso de Covid-19 en el municipio de Metapán. Las alarmas se encienden y la preocupación es generalizada tanto en las calles como en los medios de comunicación.

A medida que pasan los días, se van descubriendo progresivamente nuevos casos y se inician las cadenas de radio y televisión del gobierno, en donde se dan los primeros avisos de que será necesario el confinamiento obligatorio.

También, se cierra el aeropuerto, y prácticamente la gran mayoría de los negocios con excepción de los supermercados y farmacias. Se informa que para poder salir se hará un día por semana y solo si es necesario.
Pero, posteriormente se permite salir un día por semana, de acuerdo al número final de cada DUI (Documento Único de Identidad).

De ahí en adelante, viene la incertidumbre de qué hacer durante el encierro; además de las clases en línea, que tenía que continuar con mis alumnos y para lo cual había que crear las condiciones mínimas como: teléfono inteligente, computadora, conexión a internet y conocimientos mínimos para su uso adecuado. Como artista me sentía en la necesidad de tratar de reflejar en mi producción lo que veía y mi interpretación de ello, o simplemente pintar o dibujar, que es algo que siempre me ha gustado, haciendo uso de diferentes técnicas como: óleo, acuarela, grabado, tinta, lápiz, etc. Inicio por terminar obras que ya tenía en proceso; simultáneamente elaboro otras con la temática del Covid 19, como la imagen que anexo en este escrito. Me veo en la necesidad de hacer un registro de los materiales que tengo y priorizarlos para poder utilizarlos, ya que no hay en donde adquirirlos, puesto

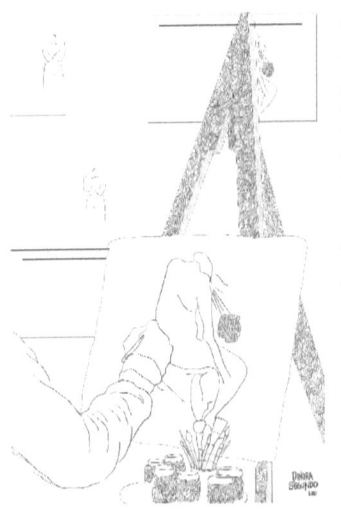

que todo almacén está cerrado.

Así, durante este confinamiento, acumulo una serie de obras que posteriormente exhibiré, que además de suavizar "mi encierro". También, me hizo sentirme bien, puesto que dispuse de mayor tiempo para mi producción artística.

Ahora bien, un hecho que me afectó profundamente fue la muerte de un primo-hermano a principios del mes de junio. Además, era colega docente en la universidad en donde laboro. Sí, bien no murió por Covid 19, pero tuvimos que cumplir todo el protocolo del mismo en sus actos fúnebres.

Ya en el "campo santo", me sorprendió que los sepultureros no depositaran los restos mortales en su nicho definitivo, sino que nos dijeron que lo harían aproximadamente una semana después. Además, mis sentimientos no terminaban de estabilizarse cuando les pregunto en donde quedaran temporalmente los restos y no me había percatado que alrededor del "nicho provisional" de los restos de mi familiar había aproximadamente ocho nichos más que aún estaban pendientes de ser enterrados definitivamente. Posteriormente, escuche en un noticiero radial que eso lo habían denunciado algunos dolientes de otros difuntos.

Con respecto a la obra artística producida durante el encierro, la mayoría la estuve compartiendo en mi cuenta de internet que fue otra manera psicológica de evitar el confinamiento. Comprobando y citando a Borges quien escribió "El arte existe para que el arco de la vida no se rompa".

EL ARTE Y YO EN TIEMPOS DE PANDEMIA EN EL SALVADOR

"Cuando estoy expresando los sentimientos hacia la música es porque para mí vale mucho, en este año en esta crisis me pareció magnífico que muchos artistas de nuestro país salieron adelante y no volvieron a ver atrás…"

-Marina García-

En esta historia contaré los sucesos más relevantes relacionados con la pandemia del Covid 19 que me ocurrieron y conmovieron el resto de mis días.

En primer lugar, quiero contar que llevo casi 28 años de estar aprendiendo el arte de la música.

En la actualidad, soy instructora de música de una escuela y, el momento más triste para mí fue saber que, ya no daría clases a mis alumnos debido a la pandemia del COVID-19.

Ahora bien, fue un reto para mí, pues en todos los años que han transcurrido jamás habíamos pasado una situación así, que a través de este relato quiero decirles que en lo personal me favorecieron mucho las redes sociales. A través de ellas, varios niños y niñas, adolescentes y adultos se contactaron conmigo, para saber cómo haríamos, ya que, la situación estaba muy complicada en el país y, pensaba que nadie iba a querer aprender de lo bello de la música, pero estos jóvenes, niños, niñas y los adultos me motivaron a impartirles las clases por medio de videollamadas, medio por el cual, nos comunicábamos.

Este proceso para mí fue de gran impacto, saber que había personas que aun atrapados en el medio de la pandemia, tenían sus metas bien definidas en cuanto a la música, a pesar de que en este país no es muy

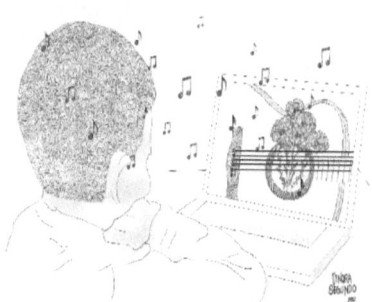

relevante el arte, sí existen muchas personas que lo mantenemos vivo en nuestro ser y, aún está encendida esa llama. Cuando, estoy expresando los sentimientos hacia la música, es porque para mí vale mucho y, en este año donde laa crisis, me pareció magnífico que muchos artistas de nuestro país salieron adelante, no volvieron a ver atrás, firmes a sus convicciones; aunque, muchos aguantaron hambre y escasez en sus hogares, siempre lucharon por salir adelante y promover el arte.

Por esos motivos, admiro a todos mis compañeros y, les demuestro mi solidaridad; algunos de ellos perdieron sus parientes y, otros perdieron la vida. En honor a todos ellos que han quedado en la historia en las diferentes ramas del arte, doy gracias a Dios porque me permite seguir trascendiendo las fronteras del tiempo, fomentando el arte.

Cuando a una persona le toca partir de esta vida a veces solo queda en el recuerdo, pero las cosas que los artistas hacemos quedan plasmadas en un mural, en un poema, en una melodía, en una enseñanza, en un libro y en el corazón.

A partir del mes de septiembre, se han abierto las puertas para seguir dando clases virtuales de música, he de decir que ha sido un poco difícil, pero se están viendo resultados favorables. Por lo cual, no todo en esta pandemia ha sido negativo, sino que también ha traído nuevas experiencias enriquecedoras y positivas.

Asimismo, deseo (tristemente) compartir la manera en que me conmovió la muerte de dos personas muy queridas y apreciadas por la familia. Todo comenzó cuando a uno de sus hijos le detectaron neumonía que hoy en día sabemos que era COVID, él se puso muy mal de salud, estuvo al borde la muerte, no se contaba con tanques de oxígeno disponibles en el hospital; aun así, pese a todo lo adverso, logró recuperarse y estar a salvo. Luego de darle el alta en el hospital, sus padres llegaron a cuidarle y quien se encargaba más de atenderle era su madre. Después de haber pasado 15 días de su recuperación, se enfermó el padre y fue diagnosticado con una faringitis que posteriormente fue detectada como coronavirus, el padre fue hospitalizado, recibía atención médica, pero él seguía peor. A los 15 días después se enfermó la madre y su condición era peor que la del padre, la hospitalizaron y no mejoró nada.
Sin embargo, solo ella y sus familiares sabían que estaba ahí, menos su esposo, ya que él seguía peor, le iban a colocar un respirador; antes de eso le envió un mensaje a su familia diciéndole que los amaba, al día siguiente falleció. La esposa falleció un día antes que él, esto fue muy doloroso para los hijos, el saber que habían perdido a sus dos padres y no poder despedirse de ellos. A nosotros como familia nos conmovió y nos duele mucho su partida, ambos aún estaban jóvenes y llenos de vida.
Dicho proceso para todos aquellos que de alguna forma

perdieron a un ser querido, no queda más que recordar su memoria.

Y saber que esta pandemia provocó dolor, pero a la vez unió familias, unió sentimientos, cambió rutinas, nos hizo disciplinados, nos hizo ser mejores con nuestras familias, le tomamos el valor que se merecen y nos dimos cuenta que en esta vida vale más el amor, la comprensión, la solidaridad, la amistad, el perdón y todo lo bueno que podamos dar a nuestro prójimo y a la humanidad. Después, los quedamos y tenemos un sello en nuestro corazón y la convicción de que lo material está en segundo plano, y que debemos valorar a los demás.

Con la pandemia, no solo me he enfrentado a nuevos retos como instructora de música, además, tengo aún más presente como ser humano que la vida es un parpadeo, la cual tenemos que aprovechar al máximo, disfrutar de ella, aprender, amar y sobre todo valorarla; reconocer que Dios ha estado cuidando de sus hijos en todo momento, así también, dando fortaleza a los que han tenido pérdidas durante estos duros tiempos.

EL ARTE Y YO EN TIEMPOS DE PANDEMIA EN EL SALVADOR

"Vi mis sueños y esperanzas en mi interior, el corazón se me hizo añicos, pero me sentía creativa, grandiosa, la lección de arte había sido comprendida, si los artistas caídos podían seguir ayudando, como lo hicieron a través de mis propias líneas, entonces, era cierto lo que sentí y escuché; ellos hablaban dentro de mí..."

-Tuty Baires-

El mundo colapsaba, sin darme cuenta, a mi alrededor pensamientos encontrados aturdían mi cabeza; me encontraba tratando de construir nuevamente algo que diera sentido a mi vida, la ruptura de un amor estaba a mi puerta, más sin ofertas de empleo y desánimo; el arte fluía por mis venas, sentía que corría apresurado por todo mi sistema nervioso.

Cuando lo inesperado viralizó al mundo, el coronavirus paralizó nuestro planeta.

Donde, la humanidad se vio afectada, física, psicológica y, aún más económicamente.

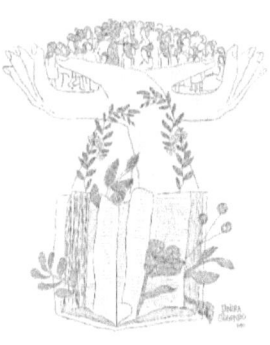

Además, la muerte estaba al acecho. Ventanas y puertas de hogares se cerraron y dar la mano o abrir el rostro al mundo se volvió un miedo. El hambre y dolor de seres queridos me causó un desánimo, pero como siempre, regresé a esconderme en la propia ventana de mis ojos. Luego, dejé que el arte y la fe fueran los compañeros que más tarde me dijeran que hacer, y allí, sin darme cuenta, mis ánimos cambiaron.

Una llamada inesperada me hizo brincar de emoción, mis palabras e ideas fueron tomadas en cuenta por mis colegas artistas para dar un homenaje teatral a nuestra gente de cultura que había muerto durante la pandemia. El deseo de escribir fluyó de inmediato, pero al escuchar dentro de mí y escribir las primeras líneas, algo curioso me pasó, comencé a pensar en cada enseñanza y cada vivencia que había tenido con cada uno de los artistas que murió durante la pandemia.

Mi mano no respondía, apretaba tanto el lápiz que las palabras no se comprendían, la letra chueca que me iba saliendo, nubló mi vista y por un segundo volteé mi mente al pasado.

La lección de vida que sentí fue extraordinaria, sin darme cuenta, esas enseñanzas del pasado habían regresado a ayudarme, pues ya no le encontraba sentido a la vida, lloré por un momento y, apretando fuertemente el lápiz con el que escribía, entendí que no era una despedida; comencé a escribir, comprendiendo que todo el mundo debe tener un sitio, porque no hay un final, solo un nuevo comienzo.

Vi mis sueños y esperanzas en mi interior, el corazón se me hizo añicos, pero me sentía creativa y grandiosa, la lección de arte había sido comprendida, y si los artistas caídos podían seguir ayudando como lo hicieron a través de mis propias líneas, entonces era cierto lo que sentí y escuché. Ellos hablaban dentro de mí y escribí lo siguiente en memoria de los artistas caídos en esta pandemia de peste histórica; en El Salvador decimos gracias, por la luz y el conocimiento que nos brindaron: "Dicen que uno siempre regresa al lugar donde fue feliz.

¿Adónde volverías tú?
Todos ellos aprendieron a estar en el mundo sin ser del mundo, y revolucionaron su conciencia buscando el conocimiento real, sé que volverán en un trazo de pintura, un movimiento corporal, una línea de versos y en un sinfín de inspiraciones. Sé que regresarán, como las semillas que caen de los árboles, flores que crecen de las semillas, cumpliendo las leyes naturales, pues aquí solo somos un avatar, tratando de comprender un destino. Ahora partieron al más allá, la eternidad se abre para devorarlos, luego los expulsa regresándolos al tiempo y la forma, viene la calma y pienso que la vida es una escena que quisiera y no quisiera mirar, pero hay que llevar a escena esa realidad, por eso no decimos adiós, sino "Hasta pronto".
Plasmadas esas palabras en cada página, dejándome sentir por la guía espiritual de mis maestros, que me querían mostrar de lo que yo era capaz, había comenzado a vivir con un pensamiento diferente, mi cara ya no era de tristeza ni de rabia, mi cuerpo y mi mente estaban preparados para enfrentar lo que viniera, sabía que allá afuera había algo más que me sorprendería.
En estos momentos de crisis la llamada de Carmela, una compañera en la ONG donde también trabajo (pues solo con el arte no me alcanza), no se hizo esperar y me comentó que el proyecto que presentamos antes de la pandemia ya había sido aprobado y el dinero que venía, se entregaría a las mujeres de las comunidades como víveres por COVID-19. Al fin, me vino un trabajo, pero no dejaba de darme temor.

Entonces, me hice presente, nerviosa, temerosa,

con mascarilla, llegué a una de las comunidades, las manos me sudaban, me asusté cuando llegué, estaba cerca del penal de Mariona, la gente esperaba dispersa, pocas de ellas con mascarilla, algunas con hijos chineados casi chulones, solo en "diaper", me asombré al ver cuanta necesidad había en esas mujeres, no solo por víveres en la crisis, sino por sus rostros de mujeres desveladas, por sus hijos, con las manos maltratadas de lavar ropa ajena, con su cuerpo débil y el ceño fruncido de preocupación.

La líder de la comunidad había colocado una mesa y una silla para que yo fuera apuntando datos y, hablando con cada una para conocer sus casos; se hizo una larga jornada, cada mujer que se acercaba a la mesa, era una historia que me llenaba de experiencia, sentimientos encontrados y fuerza para seguir, era difícil verlas a los ojos sintiendo esa mirada penetrante, diciendo: "Yo quiero una bolsa de víveres por favor"
Entendí que en aquellas bolsas de víveres que daba a cada mujer, era una historia, cada una que sustentaba mi alma para romper esquemas y parámetros de vida, que más adelante comprendería, pues jamás había sido demasiado tarde para descubrir mi verdadero ser, mi corazón había sido abrazado, los demonios de mi cabeza habían sido liberados y, al darme cuenta que dentro de todo el mal sabor que sentía en mi vida, algo increíble estaba pasando y no era casualidad estar en el momento preciso ayudando.
Sentí un cosquilleo con alas de libertad, más tarde, vi mis sueños dentro de mí, porque comprendí que soy mujer y que enterrarme profundamente dentro de mí no fue un accidente, entre relatos y testimonios de cada

mujer me di cuenta que de eso se trataba la vida, de lanzarse y zapatearla.

EL ARTE Y YO EN TIEMPOS DE PANDEMIA EN EL SALVADOR

"Ese día me harté de estar sumido en la parálisis del miedo y la incertidumbre, decidí romper con el temor y continuar con mi vida"

-Oscar Pérez-

¿Cómo comenzar este relato? Me pregunté...

Pues más que un relato es mi testimonio, dado que es una mezcla de impresiones sobre algo que aún no he alcanzado a dimensionar en su totalidad.

Entre la incertidumbre y el miedo.
Desde finales de 2019, recuerdo haber visto en los noticieros, gente diciendo que en el continente asiático abarrotando hospitales y, circulando todos con tapabocas, impresión lejana, de un problema totalmente ajeno a mi vida.

Ahora bien, corría el mes de marzo, (no recuerdo la fecha exacta quizás 16 o 18). Lo que si recuerdo es lo que quedó grabado como un eco en mi memoria, la voz nerviosa de mi hermana; al otro lado de la línea telefónica preguntándome: ¿Dónde estaba?, ¿Cómo estaba? Y si ya me había enterado que nuestro país entraba en una cuarentena sanitaria a causa de un virus que yo veía, hasta entonces, lejano de mi vida.

También, recuerdo que había hecho tres ventas muy afortunadas de mi obra escultórica, días atrás, sumando dos días consecutivos de buenas ventas en un evento de emprendedores (suspendido por la medida antes mencionada), me garantizaban afrontar con relativa calma y solvencia material, lo que se venía para todos, literalmente hablando.

EL ARTE Y YO EN TIEMPOS DE PANDEMIA EN EL SALVADOR

Al inicio, todo era un flujo de información de todo tipo acerca del nuevo patógeno SARS COV-2, llamado comúnmente como COVID 19, pero, muy pronto comenzaron a anunciarse disposiciones que me indicaban encierro en casa, prohibido circular, calendarización de salidas según número de DUI, etc. Saldo de todo aquello: risa, entusiasmo, tedio y extrañeza a la vez, que luego, se transformó en miedo paralizante, tristeza e incertidumbre con el pasar de las semanas, con las cifras de contagios y muertes reflejadas a diario.

Junto con mi hermana, nos rotábamos turnos para suplir las necesidades de mamá, mi temor llegó a tal punto que decidí reducir al mínimo mi contacto con ella, para evitar, decía yo, su muerte y enterramiento en una fosa anónima, sin dignidad y sin memoria.

De la resignación a la rabia.
La nueva normalidad apesta.
"#Todossomosreinventistas#" Lema de una campaña publicitaria de un muy conocido canal televisivo.
Ahora bien, las semanas y los meses transcurrieron mientras esa extraña frase replicaba como un molesto e intermitente eco en mi mente; paulatinamente, me fui enterando de vecinos cercanos perdiendo sus empleos, otros laborando a medio sueldo, de pronto mi vecindario se había transformado, surgieron ventas de artículos de primera necesidad, verduras, huevos, lácteos, desinfectantes, comida a domicilio, en fin, todo había cambiado. Sin darme cuenta la vida continuaba y la gente a mi alrededor, se adaptaba como podía a la "nueva normalidad".
Mientras veía como mis finanzas se iban deteriorando

con el paso del tiempo, finalmente, llego el día que desperté lleno de rabia e impotencia y exclamé: ¡Me ha llevado 43 años llegar donde estoy y ser quien soy! ¿Quién dice que después de 43 años de mi vida debo reinventarme?

Entonces, mi vida está bien como está. ¿Por qué debo renunciar a lo que amo y dedicarme a vender artículos que jamás he vendido? Si, el arte había dejado de ser algo necesario en la vida de las personas. Hay otras

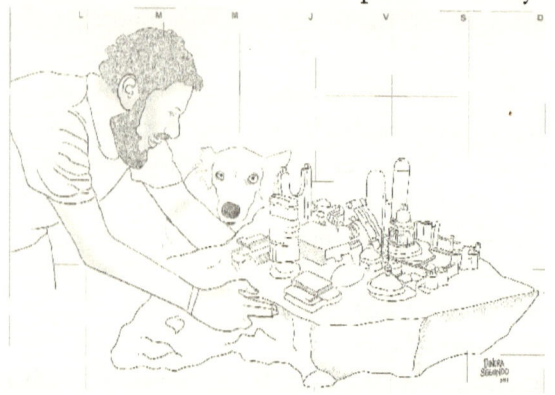

prioridades ahora, me repetían colegas y amigos. Ese día me harté de estar sumido en la parálisis del miedo y la incertidumbre, decidí romper con el temor y continuar con mi vida (precauciones aparte), dedicándome con nuevo ímpetu a lo único que se hacer bien.

El Arte.

El regreso a la niñez ...

Los días plagados de restricciones, incertidumbre, risa, rabia, soledad intensa, muchos sentimientos encontrados, me obligaron a reaccionar ante la cercanía de la muerte.

Durante los paseos esporádicos con mi única compañera de vida, mi perrita Nina y ante la falta de insumos para trabajar mi obra escultórica, comencé a dialogar intensamente con mi entorno inmediato recogiendo objetos descartados en cada recorrido, tras una larga introspección personal, decidí exorcizar mis miedos volviendo a mi antigua pasión de niñez: Construir maquetas de ciudades imaginarias. Escarbe en mis fantasías pasadas, sumando está a muchas coincidencias afortunadas entre las cuales destaco: un proyecto cinematográfico en cines de mi mejor amigo, la llamada e invitación fortuita a integrarme a un proyecto de un muy querido y admirado colega y una serie de visiones catastróficas, sentaron las bases para el nacimiento de mi más ambicioso proyecto contemporáneo, al que sigo completamente entregado mientras escribo estas líneas. "De ciudadelas, urbanismos y distopías flotantes" y que, en la actualidad, forma parte de otra iniciativa más amplia a la que denominamos "Mantenerse Humano"

Podría afirmar sin dudarlo que este proyecto (más grande que yo), me alejó de la idea intermitente de la muerte y me ha permitido ver este momento coyuntural como algo muy positivo que me obliga a salirme de mi zona de confort, en lo que respecta a mi trabajo artístico, amplió mis facultades creativas, me ha permitido vincularme con otros actores culturales, pero, sobre todo, ha hecho posible el evolucionar hacia una mayor madurez en mis planteamientos personales a través de mi obra. Concluyo mis impresiones afirmando lo siguiente: El arte y el amor son las fuerzas que me han permitido alejarme de la muerte y aferrarme intensamente a la vida.

EL ARTE Y YO EN TIEMPOS DE PANDEMIA EN EL SALVADOR

"¿Cómo voy a continuar con mis actividades? Pero pasó lo que nunca me imaginé, me gusta más esta nueva rutina que he creado, quizás es por mi personalidad. Por un momento pensé que sería difícil hacer mis actividades académicas por medio de un celular. Yo, una persona que no estaba acostumbrada a tener que escribir o llamar por celular, resultó ser de mi agrado"

-Iris González-

Ya es de noche, lo único que tengo en mente es llegar a casa. En ese momento escuché unas palabras que tenían un toque de humor, eran unas frases las cuales me hacían sentir despreocupada, pero, se trababa sobre que "nuestros días no serían normales". ¿Por qué no pueden ser normales? Allí estaba yo, una persona que le gusta la rutina, forzada otra vez a cambiar.
También, continúo escuchando decir: "ahora tendré que prepararme más para atenderlos", pensé, llevamos dos meses viniendo a reunirnos en este lugar que me causa estrés, pero, en esta ocasión me resulta interesante que después de mucho tiempo esta persona se toma el atrevimiento de hablar mal, pues culpa a la cultura asiática de algo (en ese momento yo ya había escuchado hablar del tema, mas no le puse atención), también, hablaba de nuestro país, decía que es tercermundista y otras cosas que, en sí, tiene razón, pero no lo dice en voz alta para que no todos lo escuchen. Lo entiendo, también, pienso mucho en hablar de mi país, más no tengo el carácter para hacerlo. Además, dijo: "Los tendré que tratar como niños". En ese momento, fue que sucedió, sí escuché muchas risas, de la cuales, también fui parte. Pero, ¿Por qué nos reímos? No fue tan gracioso, pienso que es por la persona que lo dijo. Finalizó, con un "Los veré mañana", pero, el noticiero

anunciaba algo que era de 15 días. — Bueno —pensé— es algo que pasaría rápido.

No dude, me preparé durante ese tiempo para terminar dibujos y una pintura sobre un paisaje verde que había dejado de lado, hice planes para terminarlos, pero pensé, "Tengo mucho tiempo, así que disfrutaré y descansaré de todo."
En esos días empecé a ver más el noticiero y las redes sociales, empecé a tener consciencia sobre lo peligroso del virus.
Entonces, pasaron los días y no seguí pintando mi paisaje verde, no terminé, siempre me pasa lo mismo, me distraigo, ahora más con las cosas que han estado pasando, como que la primera cuarentena había terminado, pero resulta que ha sido extendida. Ahora, me formulo preguntas, la que más me invade es: ¿Cómo voy continuar con mis actividades? Pero pasó lo que nunca me imaginé, me gusta más esta nueva rutina que he creado, quizás es por mi personalidad. Por un momento pensé que sería difícil hacer mis actividades académicas por medio de un celular. Yo, una persona que no estaba acostumbrada a tener que escribir o llamar por celular, resultó ser de mi agrado, más no para varias personas, solo escuché quejas y quejas, "será la edad", pensé, pero no, había jóvenes igual de estresados con esta nueva realidad, resulto que yo siempre estuve positiva ante los acontecimientos, quizás por eso me fue bien.
Otra vez, puse pausa a mi paisaje verde, porque comenzaba nuevas actividades; vi el noticiero un día, me enteré que teníamos menos contagios y que han bajado los homicidios del país. Nosotros, un país

tercermundista, lo hemos logrado, sí, el gobierno que está parece cuerdo, se nota, ¿Por qué dije eso? Bueno, algunas personas se han vuelto críticos y me han influenciado.

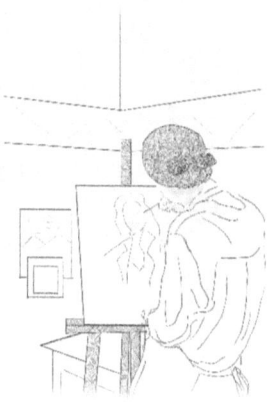

Ahora bien, se han terminado mis actividades, pienso en terminar mis dibujos y mi paisaje verde, pero, viendo el lugar en el que estoy, me veo rodeada de cosas que no me motivan. Entonces, decidí crear un lugar donde pueda sentirme bien, pero no tengo espacio, es solo una habitación, he visto imágenes en internet que quiero usar de referencia... me inspiré, pero surgió un problema, tenía que comprar cosas y, estamos en cuarentena. Eso mató por completo la mayoría de mis ideas, entonces, acomodé y deseché cosas, logré tener un lugar. Pensarás sobre si terminé mi paisaje verde, pues lo dejé de lado y empecé a estudiar todo sobre dibujo, y una vez más comprobé que estoy en el camino correcto como profesional, pues soy artista autodidacta, la carrera que estudio en la universidad no tiene nada que ver con el dibujo y la pintura.

Ahora, no me queda más que estar pendiente de lo que pasa por medio de internet, han pasado varias semanas y estoy en actividades otra vez, haciendo lo mismo. Todo este tiempo no logré terminar mi pintura verde, como recordarán me gusta la rutina y no está incluido terminarlo.

Lo único que tengo en mente es que estoy en casa sana y salva. También, recuerdo la frase que una vez me hizo reír "Ya nada será normal, ahora tendré que tratarlos como niños para que no se enfermen, los veré mañana".

EL ARTE Y YO EN TIEMPOS DE PANDEMIA EN EL SALVADOR

"...Poco a poco se había ido alejando de él, desde que dejó de dormir al lado del abuelo, fue una señal de que ella estaba comenzando a soltar, eso fue lo que percibí, para mí había sido el inicio de la despedida"
-Ana Rivera-

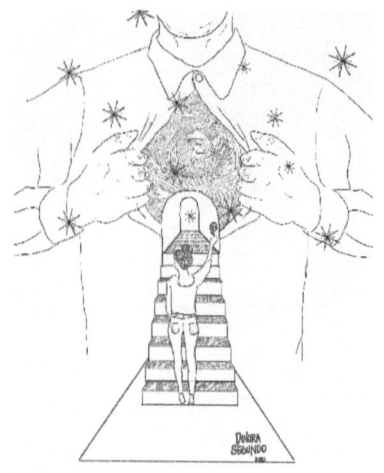

La muerte, en mi opinión, es la mayor prueba del desapego, soltar y dejar ir en un viaje sin retorno es un acto de amor.

Habían pasado casi cuatro meses desde que el gobierno decretó cuarentena. Por cuestiones del universo o el destino, había pasado esos cuatro meses en la casa de unas amigas y su familia, me dieron donde vivir para que no pasara esos días de encierro sola en mi casa; y fue bueno, nos apoyamos mucho en el encierro y en otras cosas, a veces me desesperaba, siendo yo un alma errante, acostumbrada a viajar todos los días, porque mi trabajo así lo exigía. Estar en el encierro a veces se convertía en una carga pesada. Comencé a aprender de los atardeceres, de las palomas en la terraza, de Haru (la tortuga) y también de las plantas, de estas últimas aprendí a sobrevivir con quietud y mucha paciencia. Fueron 3 largos meses sin salir para nada. A veces, una vez a la semana, al mercado, de repente un día pudimos trabajar vendiendo comida y pupusas cerca de la casa, y fue una semana muy productiva y muy agitada, pero, luego la turbulencia aumento. El 29 de junio del 2020, los padres de mi amiga llevaron a los abuelos maternos a la casa, estaban enfermos. Bueno, el abuelo más enfermo que la abuela. El fin de semana anterior había muerto el hijo menor de ambos, de Covid (en teoría). Para el abuelo, este suceso fue un golpe tremendo, era su hijo favorito y su amor por él era evidente, vivían con él y su esposa. Imagino lo duro que fue para él no haber podido velarlo y darle un funeral decente, ni siquiera pudieron asistir al entierro, porque así lo dictaba el protocolo. Todavía no se podía salir con libertad, así lo exigía el gobierno.

Recuerdo el día que llegaron, ese anciano coqueto con su boina y su simpático estilo, al decirme Juanito, soltando una risa sutil, ahora se veía gris, su mirada sombría y sus ganas de vivir yo las percibí tan lejanas. Sentía que él no se iba a recuperar por la carga dolorosa de la muerte de su hijo, esto pesaba más que la neumonía que lo aquejaba; había perdido el brillo y para la abuela eso fue muy triste, y yo, como testigo de los dos, sentía la brecha que estaba comenzando a surgir entre las ganas de vivir de la abuela y las ganas de morir del abuelo.

Pasaron 5 días muy intensos. Días en los que corríamos por la enfermera para que aplicara el medicamento, buscando ambientar la habitación para colgar el suero, la solución salina, los antibióticos, desinfectando todos los rincones de la casa por si las dudas. Mientras tanto, la abuela mejoraba y el abuelo iba empeorando, la saturación de oxígeno no subía de 50 y a veces bajaba hasta 38. Entonces, solo observaba y notaba la depresión en sus ojos, así como la noté en mi mamá antes de su muerte.

En esos días tan intensos me cuestione la existencia, la vida, la muerte, el amor y todos esos devenires inevitables que suceden de repente, sin avisar.

Además, la tensión era grande y la casa pequeña. Estábamos nueve personas encerradas en una casa pequeña y la incertidumbre de no saber si estábamos conviviendo con el virus nos ponía inquietos, ansiosos y muy tensos. Bueno, así lo percibía y lo sentía yo. Por las noches me iba a la terraza a ver las estrellas y aprovechaba a respirar profundo y a recordar que todo lo que pasaba solo era una experiencia más necesaria para aprender y desaprender.

Entonces, llego el trágico viernes 3 de Julio, ese día el abuelo empeoró, a esa fecha ya se le había puesto oxígeno en la casa, porque la abuela había decidido no llevarlo al hospital, y tenía razón, en la casa todas y todos estábamos pendientes de él, cosa que un hospital en medio de la pandemia hubiese resultado casi imposible. Pero, a pesar del oxígeno y los cuidados, no se veía mejoría. Ese día temprano, lo llevaron a un hospital privado, donde no lo quisieron atender, pero les dijeron que en el hospital público podían ponerle oxígeno ya que por casualidad un pequeño cuarto de emergencias estaba vacío, le pusieron más oxígeno, esto le ayudó a ponerse estable. Regresaron a la casa, el abuelo hasta pidió comida. Tuve el privilegio de acompañarlo en la comida, la última de su vida, porque luego la saturación de oxígeno comenzó a bajar considerablemente y ya no subió hasta ese momento. Eran aproximadamente las 8 de la noche de ese día, estaba cayendo una tormenta muy fuerte cuando el abuelo comenzó a irse poco a poco, se despedía, la saturación de oxígeno no aumentaba y, apenas podía hablar, desde ese momento noté que poco a poco veía en sus ojos un adiós, así como los vi en los ojos de mi mamá. Toda la familia alrededor de la cama, menos la abuela, ella estaba sola, sentada en el sofá afuera del cuarto, en silencio. Ella poco a poco se había ido alejando de él, desde que dejó de dormir al lado del abuelo, fue una señal de que ella estaba comenzando a soltar, eso fue lo que percibí, para mí había sido el inicio de la despedida.

De repente la saturación bajo a menos de 40. Entre llantos, sollozos y oraciones, la habitación cambió de color y yo en la puerta observando a la abuela, al abuelo y a la familia. La muerte se acercaba y con ella una despedida, el abuelo llamó a la abuela y ella entró, lo abrazó y con el dolor de su alma y del recuerdo de tantos años compartidos, le dijo que se fuera, que se iban a volver a reunir allá donde Dios les tenía preparado un lugar, en ese instante la saturación de oxígeno en el abuelo mágicamente subió a 92, esa es la saturación normal, hubieron unos segundos llenos de esperanza, pero luego vino el silencio, y algo salió del cuerpo... y el envase vacío, la materia, el cuerpo, se quedó en la cama de ese frío cuarto, así lo sentí yo. La abuela salió y, como toda mortal, lloró mucho y se lamentó, luego vino a paz.

Un día yo le pregunté por qué lo había dejado ir y ella

me dijo que él estaba sufriendo mucho y no le parecía justo, "Al final, nos vamos a encontrar otra vez", me lo dijo con sus ojitos llenos de recuerdos.

Días después, les escribí un poema, decidí dejarlo plasmado en esta historia porque es parte de la misma.

El último suspiro

Ese último suspiro fuera para ella...
Ojos serios, mirada profunda,
un humor peculiar con el que hacía reír,
con una elegancia que se hacía ver y
una seriedad que vacilaba sarcásticamente en su actuar.

La tristeza en sus ojos se hacía notar,
pero tomando la mano de su amada,
la disimulaba muy bien.

Era el momento.
Siempre hay un tiempo,
un tiempo en el que la muerte llega
y disipa cualquier dolor físico,
pero ahí estaba él muy fuerte,
deseando quedarse, pero anhelando irse,
escuchando a su amada,
sintiéndola como brisa en un atardecer cuando el día muere.

Él solo esperaba el último adiós de ella,
su amada, su compañera, su cómplice, su amiga.
Ella estaba ahí, dejándolo ir,
la abuela despidiendo al abuelo,
permitiéndole volar sin dolor,

sin enfermedad, sin tristeza; liviano como el aire
y fluido como el agua.

Allí estaba la abuela, agradeciendo el tiempo compartido,
la vida, el amor. Agradeciendo que él ya no sufría...
Y llego el último suspiro,
profundo, tranquilo, apacible, sereno.

Y ese último suspiro fue para ella.
Hubo un encuentro: el amor, la vida y la muerte se reunieron,
cada quien reclamando lo suyo,
todos juntos en esa noche de invierno.

EL ARTE Y YO EN TIEMPOS DE PANDEMIA EN EL SALVADOR

"Como familia siempre hemos tenido el espíritu de emprendimiento, aprendí que lo que nunca debemos perder es la esperanza y la fe en momentos de crisis, siempre habrá muchas oportunidades mientras tengamos vida".

-David Escalante-

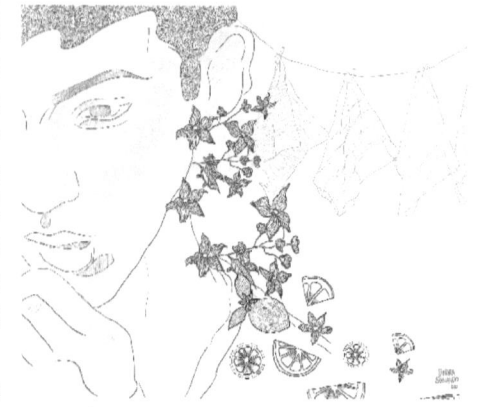

Antes que la pandemia llegara a mi vida junto con mi familia y en todo el mundo, me desarrollaba en el diseño y teñido de prendas en añil y otros tintes naturales con mi madre y mi hermana, negocio que veníamos desarrollando desde hace un par de años, comenzamos a crecer con nuestra marca y diseños únicos y exclusivos tanto en el municipio de Chalchuapa, de donde soy originario. También, a nivel nacional, participando en ferias y pasarelas, conociendo a muchas personas en diferentes ámbitos. En un evento que participé como jurado calificador para la reina de Turismo en Chalchuapa, se me dio la oportunidad de conocer a una persona que me manifestó que podía mostrar las prendas en Los Ángeles, una oportunidad que desde que me lo mencionó me interesó mucho, al punto que le dije que quería seguir hablando del tema de cómo podía aprovechar esa oportunidad. Así sucedió, se platicó del tema que, luego comencé hacer todo el proceso para poder aplicar primeramente para la visa estadounidense. Realmente, me sentí emocionado, porque nunca había viajado tan lejos, mucho menos en un avión, solamente he podido viajar al país hermano Guatemala, primero tramité y obtuve mi pasaporte, que fue en noviembre del 2019, para enero del 2020 esperé la carta de invitación que me hacían la directiva de los Ángeles como un respaldo para poder sacar la visa. En los próximos días, aproximadamente de febrero a marzo andaba circulando en las noticias internacionales sobre una declaración como pandemia llamada coronavirus en el mercado mayorista de mariscos del sur de China de Wuhan, creo que la mayoría de las personas lo tomamos como un simple virus que quedaría en ese lugar de China, pero en las noticias se fue expandiendo en otros países como Italia, Francia, Inglaterra y Estados Unidos, quedamos consternados porque nunca imaginamos que el coronavirus se expandiera tan rápido y que fuera letal, porque muchas muertes comenzó a ocasionar en los diferentes países del mundo, algo que en El Salvador el gobierno comenzó a tomar medidas en las fronteras y el aeropuerto, para que no afectara en gran manera al entrar al país. Como familia, teníamos la esperanza que el virus no afectara mucho en nuestro país, pero todo fue cambiando, el gobierno tomó la decisión de ponernos en cuarentena por quizás unos dos o tres meses, a todo esto, pues, al iniciar la cuarentena, de alguna manera nos vimos afectado como familia en nuestro negocio de confección de prendas en añil y otros tintes naturales, porque era con algo que íbamos sobreviviendo para pago de gastos y alimentación, sin embargo, todo se estaba quedando lamentablemente en pausa, incluso mis planes de viajar que mencione al principio.

     Después de un mes y medio aproximadamente de decretar la cuarentena, el gobierno comenzó a anuncia sobre un bono de $300 por familia mientras pasábamos la cuarentena, también que cada familia no pagaría gastos de alquiler, agua y luz hasta después de los tres meses de cuarentena, pero como familia siempre sentíamos la necesidad de hacer siempre los pagos.
A todo esto, comenzaron los primeros contagios de personas que ingresaban del extranjero, nosotros nos sentíamos preocupados por cada caso positivo que surgía en cada comunicado del gobierno. Lo más complicado fue cuando el primer caso se dio en el departamento de Santa Ana, de donde pertenece el municipio de Chalchuapa, donde vivo.
Al darnos cuenta de la noticia, note una expresión de preocupación y tragedia en el rostro de mi familia, una expresión que me hizo sentir como que si estuviéramos viviendo un momento apocalíptico. Iban pasando los días y sentíamos que todas nuestros proyectos y metas del año cada vez se venían abajo, donde teníamos la tienda, que era en mi casa, cerrado y oscuro, como si nuestro negocio había llegado a su fin, comenzamos a embodegar las prendas que teníamos en la tienda.
Pasando los días recibimos las ayudas que daba el gobierno, comenzaron a publicar en las redes que solamente una persona podía salir de la familia a comprar alimentos, que era la única área que no cerraron para poder abastecernos de comida para la semana, solo se podía salir una o dos veces a la semana

para hacer las compras. Durante el primer mes y medio de encierro, llevábamos una rutina de despertar y desinfectar la casa dos veces al día, era algo abrumador, porque teníamos la presión psicológica que, cada vez que salíamos a comprar, traíamos el virus en la ropa y en los zapatos, llegamos al punto que nos sentíamos frustrados en todos los aspectos, que como íbamos a sobrevivir, pagar los gastos que de alguna manera nos sentíamos responsables de cumplir, a pesar que habían tres meses de perdón. Pero al final, con la ayuda en efectivo del gobierno, logramos pagar el primer mes, pero pensando cómo íbamos a hacer para el segundo mes si nuestro negocio de añil era una de nuestras entradas, a pesar que uno de mis hermanos tiene su trabajo, pero aun así no lográbamos solventar todo. Era tanta la presión psicológica, que de alguna manera teníamos mucha tensión, que no encontrábamos salida a nada.

Mi padre es un señor de avanzada edad, que con él nos costó mucho porque es alguien que le gusta salir a la calle a trabajar, algo a lo que personas de su edad están acostumbrados. En tres ocasiones de la cuarentena tuvimos discusiones con él. porque es alguien incrédulo en algunas cosas, y también que se sentía desesperado en el encierro, algo que todos sentíamos. De las cosas curiosas que me pasaron durante la cuarentena, que parecerá una locura, pero, durante el encierro, de repente escuché una melodía que mi papá estaba oyendo en su teléfono. Al principio no le preste mucha importancia, eso fue una mañana, luego, al día siguiente, el siguiente y el siguiente y así volví a escuchar la misma melodía una y otra vez. Iban pasando los días, mi papá siempre escuchaba esa melodía, algo que me marcó mucho en la cuarentena que lo catalogué como la melodía lema de la cuarentena, algo que, al escucharla en mi vida, me recordaré siempre del encierro por la pandemia.

Estando aún en cuarentena, nos comunicábamos de vez en cuando con mi amiga Suleyma, quien se encuentra residiendo fuera del país, en Nueva York. En una de esas conversaciones, me comentó que se había infectado de covid-19, fue una gran sorpresa para mí en ese momento, cuando podíamos platicar, ella me iba comentando de su recuperación. De alguna manera, me dio esperanzas de saber que sí se puede recuperar del virus de manera natural. En otra ocasión en que ambos conversábamos, mi mamá me interrumpió por un momento para decirme que mi cuñado nos traería verduras a la casa, por un momento pensé que era para consumo de la casa, pero no fue así, era para que nosotros vendiéramos en la casa. La cuestión fue que no sabíamos cómo íbamos a vender si estábamos en cuarentena obligatoria, y pues la única manera de venderla era a domicilio, aun con el riesgo que nos detuvieran en al momento de entregar los productos. Así, fue cómo en tiempos de crisis, vimos la oportunidad de progresar en un nuevo negocio muy alejado a lo que nosotros hacíamos, tuvimos una luz de esperanza en un momento de crisis, tanto emocional como económico, siempre agradeciendo al Creador, como familia siempre hemos tenido el espíritu de emprendimiento, aprendí que lo que nunca debemos perder es la esperanza y la fe en momentos de crisis, siempre habrá muchas oportunidades mientras tengamos vida, hasta en nuestros peores momentos. Todo dependerá del enfoque que le demos, sacándole provecho a cualquier situación.

EL ARTE Y YO EN TIEMPOS DE PANDEMIA EN EL SALVADOR

"Todos estamos esperanzados y deseamos que esto mejore pronto, pero me parece que estamos aún en el letargo de un mal sueño del que todos deseamos despertar."

-Miguel Quevedo López-

¡Hola! Me llamo Miguel, quiero compartirles brevemente mi experiencia con relación a este fenómeno llamado Covid 19. Soy una persona jubilada, por lo que, a esta altura de mi vida, casi todo lo que hago está íntimamente relacionado al arte en general, pues es esto lo que siempre quise hacer, aunque lo he materializado hasta en esta etapa de mi vida, estoy más que feliz de dedicarme a hacer lo que siempre soñé.
También, reconozco que soy muy aficionado a las redes sociales, no fue por ese medio que tuve conocimiento de la amenaza que más adelante paralizaría casi toda actividad humana. Parece un término muy drástico eso de "paralizar la actividad humana", pero en efecto, no hubo transporte, hubo reclusión domiciliar, no hubo instrucción educativa, se restringieron muchos servicios, y se intensificaron las medidas preventivas para evitar un posible contagio con el prójimo.
Al inicio de todo este fenómeno, asistía a una clase de dibujo, la que naturalmente quedó suspendida hasta nuevo aviso.
A partir de allí, me toco enfrentar una nueva realidad, encierro, salir nada más para abastecerme de lo necesario con salidas programadas por el gobierno. Bombardeo de malas noticias por todas las fuentes informativas, el ulular de ambulancias, todo eso no presagiaba nada bueno, lo que terminó afectando mis emociones, a tal grado que cambié involuntariamente

mi horario de dormir y comer. Además, me causo mucho estrés mental y físico.

Por otra parte, gracias a mis constantes asistencias a talleres de arte y eventos afines, especialmente lo relacionado a la pintura y a la fotografía, pude acomodarme a tiempo completo en mi mundo de creatividad, colores y pinceles, donde pude descargar mucha de esa influencia negativa externa, que, aun sin quererlo, llegó a formar parte del quehacer diario.

A esta altura del año, octubre 2020, después de ocho largos meses de un año totalmente extraño que desembocó en un resultado negativo en lo laboral, económico y social, no puedo menos que agradecer al Creador por sobrevivir a esta nueva experiencia, representada en un virus contra el que la ciencia aún no encuentra cura. Creo que, a esta altura de la pandemia, no puedo dejar de testimoniar que soy muy afortunado de hacer lo que hago, pues ha sido por medio de mi afición y dedicación a las artes, donde he encontrado la fortaleza, y la forma más optimista de enfrentar estos difíciles tiempos causados por la pandemia.

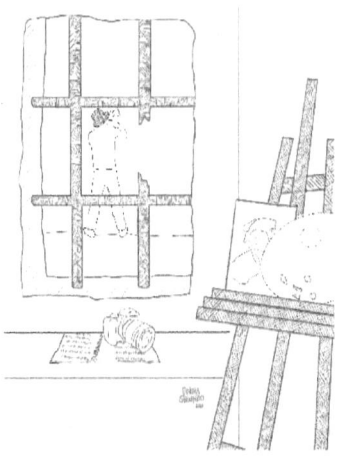

Todos estamos esperanzados y deseamos que esto mejore pronto, pero me parece que estamos aún en el letargo de un mal sueño del que todos deseamos despertar.

"Sí, saldremos adelante… cuando lo cotidiano vuelva a ser lo que perdimos y no supimos valorar"
                                        -Miguel Ángel Sermeño-

Así, mi país….

Caía la noche, la tierra suelta era una alfombra espesa en ese camino escondido lleno de soledad. Venía bajando desde un cerro no tan lejano a la ciudad donde pertenezco desde mi infancia, la ciudad morena de Santa Ana. De pronto, un pájaro negro tiñó de oscuridad la luna llena que recién salía del horizonte lejano, atrás del cerro   Tecana.

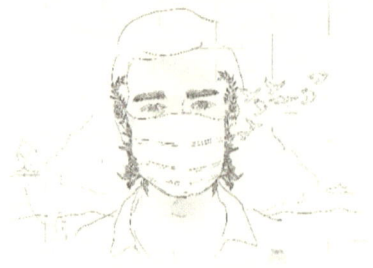

Las luces de mi barrio apenas titilaban al fondo del paisaje. De pronto, tuve una sensación extraña. ¿Será que el terrible coronavirus nos había encontrado como país y, nos iba a arrodillar ese enemigo invisible? Erizaba mis sentidos, corría el mes de marzo del 2020. Los esquemas mentales se agitaron y mi estómago se contrajo.

El mundo cambio, y nosotros ya no fuimos los mismos. Los humanos, como juego de niños, se nos impuso el tapabocas, dejando atrás el derecho de una sonrisa, de un beso y de un abrazo. Las terribles cuarentenas vinieron impuestas para frenar los indeseables contagios, "Nadie sale de sus casas" anunciaba por megáfonos la Policía Nacional Civil de mi país.

Entonces, cada familia se volvió una burbuja en medio de la nada. Solo queda ver a través de un reducido espacio de la ventana las calles silentes y abandonadas, donde las hojas caídas de los árboles apenas las mueve el viento.

Con los días, empieza a sentirse el hambre, el sueño desaparece, la impotencia impera el sistema nervioso. El Gobierno central hace eco en la población en su angustia e inicia a paliar el hambre, con las llamadas bolsas solidarias de alimentos básicos y un bono efectivo. Se desata una lucha feroz de poder entre el Órgano Ejecutivo versus el Órgano Legislativo, a estos últimos se le unen los cinco magistrados de la Sala de lo Constitucional de la Corte Suprema de Justicia, quedando en plena pandemia un limbo jurídico, como manto satánico sobre la población.

Así, mi país, así las esperanzas semi marchitas, cojeando frente al sol, a veces bajo la lluvia, buscando el pan de cada día.

Si, saldremos adelante, como El Salvador, cuando lo cotidiano vuelva a ser lo que perdimos y no supimos valorar.

Enterrados o cremados, en cada esquina de los Camposantos, han ido a la historia, los familiares, los amigos, los conocidos. Y en ese mundo, de la nada, aparece en una esquina, descalzo de amor: — Su señora lo dejo por otro amigo — un amigo de infancia, y me confiesa que viene de conocer literalmente la muerte.

— No te creo — le dije.

— En las noches que estuve "entubado", al filo de la medianoche, en ese hospital recién construido en la capital, aparecería un personaje vestido de negro totalmente, encapuchado, dejando al descubierto solamente el rostro, de tez blanca como harina, ojos amarillos, mirada fría y profunda. Era una lucha férrea entre mirada, la suya y la mía, dejarme dominar significaba morir.

Luego visitaba otras camas, cuyos ocupantes, en muchos casos, cedían a esa mirada de témpano, y apenas un gemido y decían los médicos, "Otro que fallece". Cada noche, se iban con él diez, quince pacientes.

Al vigésimo día, sucedió lo contrario, vino a mí, siempre a medianoche, un personaje de luz, cuya mirada me dio paz absoluta, ordenó: —pide perdón—

— ¿Perdón? ¿De qué? Le pregunté.

— De tu pasado.

Lo hice con fervor, dos días después salí de alta.

Ciertamente en este universo, hay dimensiones visibles e invisibles.

EL ARTE Y YO EN TIEMPOS DE PANDEMIA EN EL SALVADOR

"A mi puerta tocó un día el silencio, pero logré escapar de aquellas no menos sigilosas manos que intentaron ahorcarme"
- William Alexander Chávez Orellana-

Tercer mes del año, recién cumplía años el hijo menor de mis papás, para ese entonces, se comenzaban a desquebrajar en bullicio las mentadas chicharras, era ese tiempo donde pareciera que el silencio, hoy sí, de verdad se enmudeciera, refugiándose en un profundo letargo, dejando indefenso al raquítico aire que, literalmente, se asfixia con esos estruendosos latidos de las almitas sonoras de mi tierra.

Al parecer, ese letargo silencioso se habría convertido en tendencia a nivel mundial, ecos lejanos apenas resonaban en nuestros escépticos oídos, dando malas nuevas, se rumoraba que el silencio andaba enloquecido, vociferando muerte, desquiciado en las calles, silenciando las voces de muchas personas, allá por el antiguo mundo, acallándolas, ahorcando soplos de vida con graves cuerdas vocales y enredados nudos ciegos, tan ciegos que no lograban distinguir entre razas, sexo, edad, credo ni tonos de voz.

Se decía que ese silencio hablaba en chino, pasaporte oriental, aunque al final, de tanto viajar de país en país, de continente en continente, de garganta en garganta, se volvió políglota, tomando voces de todo el mundo, era tan sagaz que logró llegar a casi todos los rincones del planeta. Cerrando bocas, provocando fuertes estragos, era un raro silencio perceptible, casi palpable, dicen que cuando se apoderaba de un indefenso cuerpo, se convertía en furia, quemando por dentro, ahogando por completo los latidos del corazón. Ni la voz milenaria de esas agonizantes conciencias lograba salvarse del silencio mortuorio, y así como a nuestras lenguas originarias las han ido enmudeciendo por los siglos de los siglos, de igual manera el silencio invadió este paisito y comenzó a devorarse el ruido.

Conocidos, desconocidos, y conocidos de conocidos dejaron de articular palabras, silenciándose de por vida, o de por muerte, mejor dicho. Este maldito monstruo silencioso vino a transformar toda nuestra cotidianidad, calles desoladas, negocios y escuelas desiertas, todos resguardados con agonía claustrofóbica en nuestras propias casas. Las cifras de silenciados gritaban números rojos, surgió el caos de la inmovilidad, la llorona se convirtió en sirena que

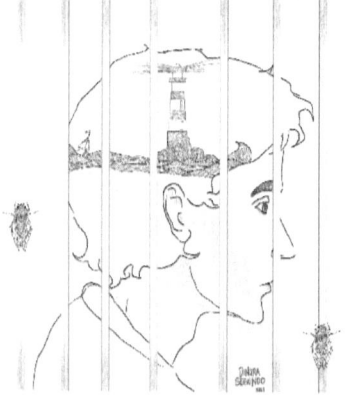

deambulaba a toda velocidad sonoramente por todas las calles del país a toda hora, irónicamente, anunciando la llegada del silencio. El hombre se rindió y le pidió tregua a la paupérrima inanición, ondeando banderas blancas de paz por todas las esquinas pobres de mi país, por primera vez, se irrespetaba el sagrado sacramento de guardar silencio en todos los sanatorios, pero eso sí, no cabe duda del orgullo que Hipócrates ha sentido por sus valientes juramentados en estos tiempos de mutismo pandémico.

EL ARTE Y YO EN TIEMPOS DE PANDEMIA EN EL SALVADOR

A mi puerta toco un día el silencio, pero logré escapar de aquellas no menos sigilosas manos que intentaron ahorcarme, una ardiente lucha, poco a poco, entre combate se fue subiendo la acalorada temperatura, un sensitivo escalofrío rozó mi piel, el maldito silencio intentaba someterme, deseoso de mi voz, queriendo conquistar mi garganta, quiso apoderarse de mis mortales sentidos y, por fríos lapsos de tiempo, se atrevió a mostrarme la película muda de mi vida. Pero al final de quince o veinte días, logré vencer a aquellas siniestras manos orientales, fue una batalla atroz, dejándome convaleciente. Curiosamente, fueron otras voces las que me ayudaron a salir adelante, algunas de ellas ya ajenas a este mundo, voces milenarias, voces que suenan entre líneas y sobre los márgenes de desgastados libros, la lectura fue mi aguda punta de lanza, lecturas intensa y sanadoras, todos esos escritores gritaban al unísono, gritos que fueron faro y alumbraron el camino hacia la redención.

Ahora, los noticieros nos hablan de que el caos está perdiendo la batalla, pero a la vez, la realidad nos asusta con nuevos oleajes de silencio, acechándonos a la vuelta de la esquina, no cabe duda que el Señor Silencio puede llegar a ser el mejor maestro en momentos de quietud, también, puede ser el peor de los victimarios porque su marca de muerte ha quedado impresa en nosotros, en nuestra rutinaria vida, en forma de tapabocas, el distanciamiento social que ha prevalecido por años. Ahora bien, el distanciamiento físico ha provocado que ya nadie se habla en las calles, ya no hay apretones de manos, ya no existen los fraternos abrazos, la prudencia es ahora nuestra consigna de guerra, ya que en boca cerrada no entra el silencio, Mutis.

EL ARTE Y YO EN TIEMPOS DE PANDEMIA EN EL SALVADOR

"Si alguien me preguntase qué ha sucedido, yo respondería que hemos sido víctimas de nuestra propia indiferencia e ignorancia, que hemos alzado el estandarte del ego y abandonado al de al lado bajo un falso e hipócrita velo de bondad, deseando que otro extienda una mano"

-Luis Fernando Mancía-

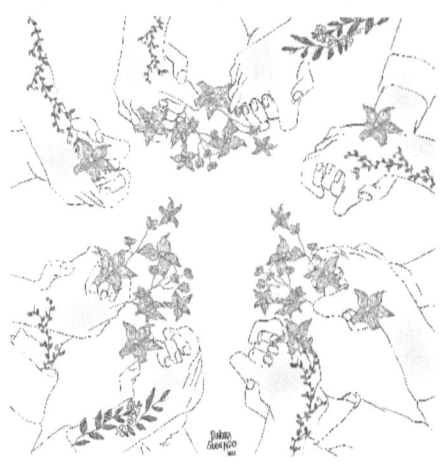

Teorías sin fundamento e imaginativas afirmaciones han estado a la orden del día las 24 horas en las redes sociales desde hace ya un año atrás. Muchos dirían que no vieron venir la tragedia, sin embargo, sí alguien me preguntase qué ha sucedido, respondería que hemos sido víctimas de nuestra propia indiferencia e ignorancia, que hemos alzado el estandarte del ego y abandonado al de al lado bajo un falso e hipócrita velo de bondad, deseando que otro extienda una mano, menos yo, pues podría continuar explicando que no hay demonio más grande para el hombre que el hombre mismo. En cambio, ciñéndome a mis principios, debo reconocer que, aun dentro de esta increíble obra dramática, existen quienes desechan sus personajes para traerse a sí mismos a escena. Estos son los locos, los soñadores, los inmaduros y raros, los muertos de hambre que se hartan risas, los tontos que no venden su alma al mejor postor, los necios que viven con sobriedad porque el exceso les da igual y, junto con estos condenados rezagados, me presento como su servidor, como el nadie que soy, osando hablar a todos lo que no se debe.

Me gustaría compartir contigo mi experiencia sobre cómo este 2020 podría, tal vez, haber sido el año que muchos necesitábamos, sin embargo, sé que lastimosamente no ha sido la misma historia para miles de personas que han sido fuertemente afectadas por cada enfermedad, catástrofe e infortunio a lo largo de este año que ha cobrado incontables vidas.

En ese momento, la noticia es conocida por todos, alguien ha contraído una extraña enfermedad al otro lado del mundo, el paciente ha sido aislado, provocando que se declara una rigurosa cuarentena nacional para evitar la propagación patológica fuera de las fronteras.

Todo está bien en el resto del mundo, y así se hubiese quedado si tan solo hubiésemos puesto menos atención en nuestra comodidad y más atención en el bien común, nadie pensó que esa actitud de autosuficiencia sería nuestra sentencia, nadie se preparó para lo que venía. En solo cuestión de tiempo, países como Italia fueron sometidos a la realidad de esta película de horror, los sistemas de salud de la mayoría de los países más desarrollados al otro lado del Atlántico colapsaron, se espera que los países infectados cumplan su responsabilidad de sacrificarse por el mundo, no dejando escarpar la muerte fuera de sus fronteras. Pero el viejo mundo ha caído, y América completa, desde Canadá hasta Chile, no sería la excepción, el terror ha cruzado el Atlántico, parece ser que hasta que la tragedia no sea nuestra no nos haremos cargo de ella.

Entonces, llego marzo del 2020, fue un día cualquiera en el que el terror se apoderó de los hogares salvadoreños, se llamó al pueblo a sintonizar la cadena nacional de radio y televisión, donde se notificaba que un inmigrante infectado ha burlado a las autoridades fronterizas por Metapán, ruedan lágrimas mientras se decreta oficialmente emergencia nacional.

Al poco tiempo de iniciada la cuarentena, el hambre y el estrés psicológico azotaron con más fuerza que el propio virus, fue en este punto donde los locos de remate, aquellos de los que no se espera nada de provecho, esos vagos que no hacen nada serio de sus vidas, fueron ellos los que sin ser solicitados decidieron por sí mismos salir al frente de batalla cuando el mundo se mantenía paralizado por el pánico más que por la propia enfermedad. Entonces, los actores, pintores, maestros, poetas, literatos, cantantes, psicólogos y todos los que extendieron sus servicios y talentos, trabajaron sin ánimo de lucro para aminorar la negatividad de la situación en los hogares mediante la web o recolectando víveres para los más necesitados.

Por otra parte, aprendí de esta odisea que, efectivamente, somos nuestros propios demonios, pero podemos ser nuestros propios ángeles guardianes. Posiblemente, la tragedia era inevitable, sin embargo, los efectos podrían haberse reducido si en lugar de preocuparnos por nuestra comodidad nos hubiésemos preocupado más por seguir las medidas de protección, incluso antes de la cuarentena.

Además, los conflictos proselitistas dentro de las esferas políticas ciertamente no mejoraban la crisis nacional, sino la empeoraban. Este proceso que nos debería haber enseñado bajo estas circunstancias a protegernos entre iguales, independientemente de lo que los gobiernos hagan o dejen de hacer. Pero esto, provoco división y discordia entre los salvadoreños.

Ahora bien, será posible que este año fuese necesario para ser conscientes que nuestra preocupación por banalidades es lo realmente preocupante; dejamos la relación con nuestros hijos, padres, hermanos como una mala presentación teatral en la que cada quién toma un papel para secar las lágrimas, ocultas al reverso. Creemos conocernos, cuando lo único que conocemos del otro ha sido su presencia a medias, todos vivimos tan rápido que ya no reconocemos ni nuestro reflejo.

Personalmente, necesitaba parar para tomar el respiro que desde hace años no sentía en mis pulmones y escuchar a los demonios tratando de salvarme, estamos tan esmerados en estar rodeados de personas que ahora tememos a estar con nosotros mismos, aprendimos que la vida es efímera, aprendimos que el planeta sigue sin nosotros, aprendimos lo frágiles que somos y que, contradictoriamente, es al borde del fin cuando abrazamos verdaderamente nuestra propia existencia, y sobre todo, aprendimos que artista no es quién endulza la miel sino quién destila de la hiel la belleza de su auténtico ser.

EL ARTE Y YO EN TIEMPOS DE PANDEMIA EN EL SALVADOR

"Los niños son los más valientes y nos enseñan verdaderamente con humildad y obediencia que, aunque poco conocen lo que están pasando, colaboran"

-Sofia Lizet Rodríguez Padilla-

En cuanto a mi salud, ese tiempo que caí en depresión fue muy difícil, pues solo pasaba llorando, no quería comer, no salía, solo quería morirme. Caí en un estado de depresión horrible, mismo que desató que se desarrollara mi enfermedad de tiroides que hasta el día que escribo esto, llevo 25 días ingresada en el hospital a la espera de una cirugía, situación que vino a agravar mi situación, lo cual, hace ver más lejos el reactivarse.

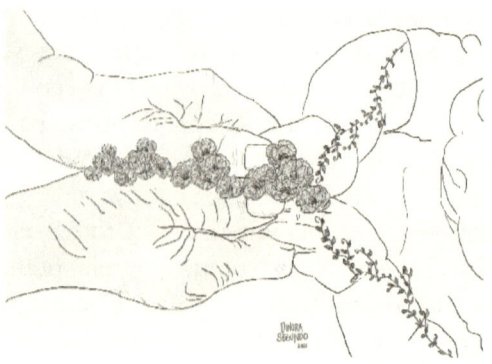

Sin tomar en cuenta que todo esto ha afectado a toda mi familia, tengo mis nietos, que ellos lloran por no poder abrazarme, al igual que yo. Ellos dicen, "Abuelita, ¿Por qué no podemos abrazarte si te amamos?" Pues, no es fácil ni para ellos, ni para mí. Esta situación vino a transformar por completo todo nuestro entorno en la familia, porque en esto los niños son los más valientes y nos enseñan verdaderamente con humildad y obediencia que, aunque poco conocen lo que están pasando, colaboran.

Y eso fue lo que me hizo reflexionar para salir de mi depresión mis nietos y el amor a mi familia.

EL ARTE Y YO EN TIEMPOS DE PANDEMIA EN EL SALVADOR

"Cada vez que la adversidad llega, recuerdo esa ave en esa pequeña rama, contra el viento. Seguía allí porque sabía que tenía un propósito, enseñarme que no debo preocuparme. Así que, con la dificultad y contra el viento, yo también recuerdo mi propósito, ese que llevo tatuado al alma, soy artista...

-Dinora Segundo-

Siempre quise ser parte de un evento que marcara la historia, e imaginé que, en un futuro, al abrir un libro de historia, podría decir con orgullo a mis nietos: Mira, yo estuve ahí. Pero jamás pensé que en 2020 yo sería parte de la magnitud y la calamidad que causó el COVID 19...

Desde hace algunos años, fui diagnosticada con un padecimiento de salud crónico, el cual me llevó a casi perder la vida en más de una ocasión. Como consecuencia de eso, no puedo consumir medicamentos sin la aprobación de mi doctora, pues pueden interferir con el tratamiento que tomo a diario para aliviar los estragos de dicho padecimiento. Al verme sorprendida por la dimensión del Covid y el terror que el mismo causaba a mi alrededor, decidí aislarme del mundo hasta donde me fuera posible para no contagiarme, pues era consciente que al contraer el virus las consecuencias serían muy graves para mí. Aun así, con todas las precauciones tomadas, el 25 de junio inicié con los síntomas clásicos: fiebre alta, dolor intenso en las articulaciones y en la garganta. Me aislé de mi familia e inicié la lucha contra uno de los tramos más amargos de mi vida: Dar positivo a Covid.

Tengo muy buenas razones para creer que venimos a esta vida con un propósito tatuado en el alma, es por eso que aferrarnos a la vida con todas nuestras fuerzas se vuelve esencial al momento de enfrentar las más duras dificultades… Probablemente, mi historia con el virus, al igual que la de todos los que lo vivimos, está llena de situaciones dolorosas físicamente y de una densa vista hacia un futuro incierto, por eso, no ahondaré en detalles de mis síntomas, sino que este pequeño relato ira enfocado más en el deseo inmenso que hay en el corazón humano de superar toda dificultad y ponerse pronto nuevamente en la carrera, esa que nos lleva a alcanzar aquellos sueños y anhelos por los cuales vale la pena vivir y esforzarnos diariamente. Mientras el barullo de la pandemia intensificaba, inmersa en el confinamiento me dediqué a observar aves y, a hacer un registro fotográfico de ellas, cada tarde, con mi cámara en mano, me refugiaba en la terraza a verlas, a deleitarme con sus hermosos colores, a oír sus cantos.

Soy artista, el arte es uno de mis motores más grandes, y recuerdo que durante las dos semanas y media que estuve delicada de salud y sin ánimos siquiera de levantarme de la cama, anhelaba poder tener un pincel entre mis manos para desahogar todo mi dolor y cansancio en un lienzo.

La recuperación fue lenta y, unas semanas después de superar el que yo creía era el último de mis síntomas, mi vista se nubló, no podía ver de lejos, no podía distinguir siquiera la hora de mi reloj, al principio pensé que era algo pasajero, pero los días trajeron consigo la terrible noticia. Al parecer, una de las secuelas para mí era la perdida de mi visión 20/20, debía aprender a vivir de esa manera.

El 2020 me enseñó a fuerza de golpes a valorar aquellas cosas que en nuestro día a día no lo hacemos y asumimos que siempre estarán...

Luego del Covid, volví a mi lugar favorito de la casa, la terraza, con cámara en mano para registrar las aves. Sin embargo, fotografiar con mis lentes ya no fue lo mismo, mi vista había desmejorado mucho. No podía fotografiar sin lentes, tampoco podía hacerlo con ellos, debía volver a iniciar el proceso de aprendizaje para fotografiar con este impedimento. La tristeza se instaló por varios días a mi lado por ese motivo, amo la fotografía y se ha vuelto uno de mis lenguajes favoritos. Al principio, abandoné una y otra vez cada intento por volver a fotografiar mis aves... pues todos fueron intentos fallidos.

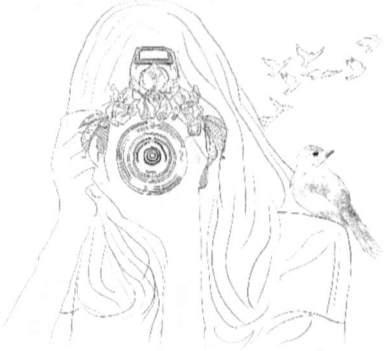

Lloré mucho, pues, aunque las aves posaban con elegancia y delicadeza frente a mí cámara, la fotografía era un completo fracaso. Este capítulo de mi vida se volvió oscuro, pero la esperanza volvió a brillar una tarde viendo una de ellas, de las aves, tenía los colores más perfectos que había visto, descansaba en la punta de una rama que el viento movía fuertemente, pero cantaba sin parar, parecía que no había nada que nublara el propósito de su vida. Me pregunte ¿Cómo podía hacerlo? ¿Cómo podía tener paz en medio de ese viento?

La respuesta apareció como un torrente, inundó mi mente y se instaló en mi corazón, llegó como un verso

de mi libro favorito:
Observen a las aves en los cielos: ellas no siembran ni cosechan ni almacenan en graneros; sin embargo, el Padre celestial las alimenta. ¿No valen ustedes mucho más que ellas? ¡No se preocupen!
Admito que no ha sido fácil, he practicado cada día sin descanso, aún no logro hacerlo como quisiera, pero he vuelto a fotografiar, a pintar, a dibujar, incluso a escribir.

Cada vez que la adversidad llega, recuerdo a esa ave, en esa pequeña rama… contra el viento. Seguía allí porque sabía que tenía un propósito, enseñarme que no debo preocuparme.
Así que, con la dificultad y contra el viento, yo también recuerdo mi propósito, ese que llevo tatuado al alma, soy artista…

EL ARTE Y YO EN TIEMPOS DE PANDEMIA EN EL SALVADOR

"Mirando el techo del cielo, aquí en esta confinada habitación, llena de versos prisioneros, con dulzura me acompañan" ...

-Marina Sigüenza-

Tener tranquilidad, o aparente tranquilidad, dentro de lo que nos toca vivir a diario, en circunstancias adversas, a delincuencia, pobreza y desánimo por la idiosincrasia de nuestra gente...
Nos llega la noticia nada alentadora que hay un virus rondando al mundo, países potenciales, a sus sistemas de salud de última generación y están cayendo ante este fatal bicho (que quién sabe si es natural o creación humana), lo relevante de esto es que se está convirtiendo en pandemia. Cabe mencionar que, hace 100 años, se dio una similar llamada Fiebre Española, duró dos años y mató a 50 millones de personas.
Se comienza a sentir la incertidumbre de lo que sucederá en nuestro país, deseando que aquí no llegue, sin

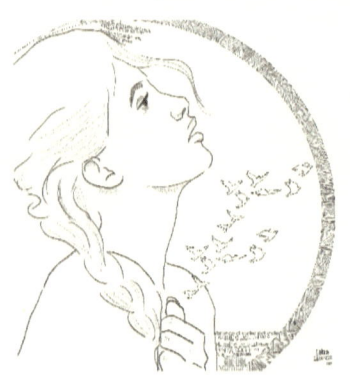

embargo, anuncios continuos del avance que abarca la enfermedad en varios países de primer mundo, nos dicen que eso será inevitable. Empieza a sentirse la ansiedad, el temor y la confusión a lo desconocido, a ser sometidos por una enfermedad que rumores dicen serán miles de muertes, rogando no nos toque a nosotros.
Ahora bien, en nuestro país sería una crisis de salud casi insuperable en las condiciones que nuestro sistema de

salud se maneja. Sería un desafío, ya que, crisis como el cólera, influenza, H1N1, Chikunguña, el manejo clínico fue leve, pero ante esta pandemia de grandes envergaduras de contagio, esto no puede ser así. Los países están en una carrera contra el tiempo, tratando de evitar que les llegue, cerrando fronteras, (recomendaciones que poco ayudan a retenerlo) y otras medidas más extremas son tomadas en un intento de disminuir el contagio.

El coronavirus, ya extendido casi a la mitad del mundo, somete a los gobiernos a medidas y probar su capacidad de organización y darle sentido a su trabajo como protector de su pueblo y contener que el terror se apodere de su gente, llevando palabras que se pudieran escuchar con el afán de darle esperanza ante lo incierto y el miedo.

Lo inevitable está por llegar, y los medios de comunicación se saturaban de desinformación, aumentando el miedo sobre lo que está sucediendo. En solo cuestión de días, ya la población afectada sicológicamente por lo que se avecina, mencionan muchas patologías que la gente sufre que, sumado a este virus, puede ser mortal.

Entonces, se anuncia que ya hay un caso de COVID-19, se oyen insultos, reproches, especulaciones en contra de esta persona que, por no entrar por un punto controlado, arremeten contra él. Surgió lo que tanto se temía, que nuestro país fuera afectado por el virus que estaba matando gente en China, Italia, y otros; era inminente que llegara aquí los "casos importados".

Ahora bien, recuerdo que el día que anuncian que entra en cuarentena el país, me dio ansiedad, imaginaba la

hora de llegar a casa y esperar quince días para volver a salir... o eso pensé. En efecto, sí me afectó. Cuando dijeron que no podíamos salir, dije: ¡Qué bien! Voy a descansar, voy a escribir, haré cosas que nunca hago.
¡A disfrutar de vacaciones, a levantarse tarde, hacer lo que no se hace por trabajo... a preparar mi poemario, leer y escribir una novela! Quería enfocarme en hacer mucho sobre mi trabajo literario; no sucedió así.
Asi, pasé varios días tranquila, sin problema. Pero... pero, de repente, empecé a sentirme mal, a sentir una presión, una tensión que me ahogaba, no me dejaba tranquila el dolor de cabeza, me sentía incómoda, enojada. Cambió más cuando se anuncia la cuarentena más severa y de inmediato sentí que iba peor, ya no le encontraba gusto a nada, me deprimí y empecé con síntomas más serios, no comía, empecé a hincharme, en ocasiones no salía de la cama, a sufrir de tremendo insomnio, hubo días que me dormí a las cuatro o cinco de la madrugada y me despertaba a las 7:00 a. m., dormía dos horas a lo sumo, sufría de angustia, de desesperación, y no podía afrontar eso sin que me afectara.
Entró la desesperación por salir, por trabajar, yo sentía que hubo un momento en que ya no podía estar en ese encierro. Ya había llegado a su límite, pasaba llorando todo el tiempo por cualquier cosa; era algo incomprensible, sensible a un evento crucial, el COVID-19, motivo de mi angustia y mi desesperación. Sin embargo, cuando ya pudimos salir a trabajar, pensé que ese momento iba a ser diferente, ya estando ocupada me iba a cambiar el panorama, el sentir, pero no fue así. Seguí con lo mismo, estaba trabajando, inclusive, y estaba llorando, eso me daba pena. Y de este

modo viví la cuarentena. Escuché a alguien decir que la depresión o estrés, "es nada, no significa nada, son caprichos porque quieres llamar la atención y está en tu control."
No pude escribir poesía durante todo ese tiempo, intenté leer, devorarme un libro (según yo) lo más rápido posible para seguir con el otro y solo empezaba a leerlos, ahí lo dejaba, porque no podía. Pensaba en todo lo que podía hacer sin tener el compromiso de ir a trabajar y aprovechar el tiempo; soy promotora de cultura, iba a diseñar estrategias y planes para continuar con lo que me apasiona, iba a prepararme para dar talleres sobre poesía, conferencias que tanto me gustaría hacer, quería sacarle el máximo provecho a una permanencia en casa (obligada, porque no me gusta estar en casa), Además, pensé en hacer una rutina de ejercicio diaria. Y no pasó así.

Lo bueno de todo, a pesar de vivir en ese estado, siempre hay una luz de esperanza, luz de paz, esa chispa que te despierta los sentidos y sientes vida, sientes que la arena movediza se paraliza y te da la opción de incorporarte y surgir. Porque hubo momentos que podía compartir con mis hijos de un desayuno a las once de la mañana, de comer pupusas hechas en casa, de una película a las dos de la tarde, de una serie a la una de la madrugada. Mi historia, mi poesía… Y sí, escribí un poema…

CONFINAMIENTO

Mirando el techo del cielo
aquí en esta confinada habitación,
llena de versos prisioneros,
con dulzura me acompañan
o la nostalgia que algunos desbordan ...

Unos piden clemencia, libertad,
otros se escabullen de puntillas
para recrear lo creado
y ensalzar lo ensalzado
o solo para quebrar el dolor,
salir llorando de este encierro
que los confina,
miedo a mostrar la elegancia
o la figura en un arte abstracto.

Pueden decir a veces o no dicen nada,
pero son versos sueltos,
que, por esa libertad encadenada,
gritan en la gruta...
y pasan desapercibidos.
Letras muertas
nadie les hace el velorio necesario
o sepultarlos con la dignidad
que merece todo ser.

EL ARTE Y YO EN TIEMPOS DE PANDEMIA EN EL SALVADOR

"La quebrada, río abajo, dejó escuchar un canto, y en su canto se percibía un eco que parecía decir: Dichoso fui… dichoso fui…dichoso fui…"

-Santiago Vásquez-

Bajo la sombra del silencio, el día amaneció nublado y lleno de incertidumbre, los pájaros volaban inquietos como queriendo dar aviso de una tragedia que se dejaba venir repentinamente sobre aquel humilde pueblo que se sostenía en los faldones de la esperanza y el trabajo.

Sentado en un tronco de guachipilín, don Lucas, como le decían cariñosamente los vecinos, alegraba el ambiente, sacando melodiosas notas de una vieja

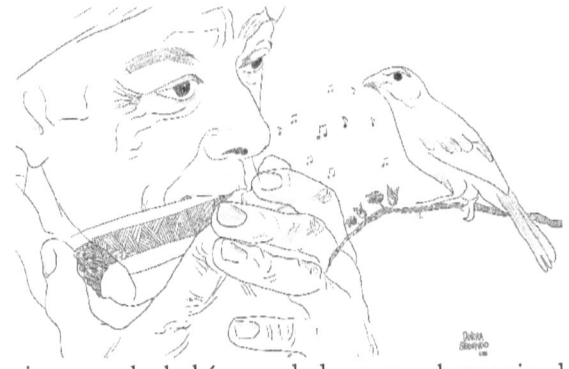

dulzaina que le había quedado como herencia de su abuelo.

La niña Adelaida, afanosamente se entregaba a los quehaceres de la casa y junto a su marido se divertían viendo a la Chilipuca, una chucha seca que les cuidaba la casa, corretear a las gallinas hasta el cansancio, quienes corrían desesperadamente de las garras de aquel animal viejo y pulguiento y en un verdadero milagro de suerte y providencia subían casi volando a las ramas de un palo de morro que se sostenía aun a pesar de los años, en el

patio de aquella humilde vivienda.
Sobre aquel fogón de leña, un comal de barro se extendía como una firme planicie de nuestras tierras, con delicadeza la mujer redondeaba las tortillas y las dejaba caer con una maestría inexplicable.
—Lucas, ya te disté cuenta que ya van varias noches que no deja de cantar la Aurora.
—Sí, y por cierto que ese canto es de mal presentimiento, algo siento que va a pasar.
—Ni Dios lo quiera, ya tenemos bastante con los huracanes, las lluvias, los deslaves y a eso le agregamos la pobreza que nos agobia día a día y las penas que nos azotan sin misericordia y tanto problema que nunca acaba.
Una leve brisa doblaba las palmeritas del patio como practicando una danza del recuerdo.
Aquel humilde y alegre pueblo, de pronto se vio desolado, toda la gente cerró sus puertas y no salían; sin explicación, el silencio, la soledad y el temor se adueñaron de todos los rincones de aquel lugar.
—Y ya viste que la gente no sale, yo no sé qué les pasa.
—Hablando de eso, dicen que a la niña Lupe la enterraron en estos días, pero no avisaron ni dejaron ir a nadie al entierro, solo los enterradores dicen que la llevaron, y como vivía sola, ninguno supo nada.
Bajo aquel misterioso suceso, el miedo comenzó a apoderarse de todos los habitantes, los pocos vecinos que se podían encontrar por casualidad, se alejaban repentinamente sin ninguna explicación y saludaban de lejos y corrían a refugiarse en sus humildes casitas de adobe y bahareque.
Los ladridos de aquella chucha seca alertaron a la niña Adelaida, en la talanquera estaba parado un hombre con

un folder en la mano, había llegado en un vehículo oficial que tenía un logo del Hospital de la ciudad.
Al aviso, salió la mujer junto con su marido para ver qué pasaba, la dulzaina de don Lucas dejo de tocar música alegre y comenzó a desprenderse una canción de tristeza e incertidumbre.
Aquel hombre, con una gabacha blanca y un folder en la mano, se dirigió inmediatamente a ellos y sin mediar palabra les dijo:
—¿Ustedes son los padres de Esperanza del Socorro Chachagua García?
—Así es — contestaron al unísono, sostenidos por aquel temor en sus almas que les había invadido repentinamente aquella visita.
—Prepárense para la noticia lamentable que les voy a dar, ella murió hace dos días en el Hospital, y me encargaron de notificarles el deceso.
—Pero, ¿Cómo es eso?... si ella estuvo aquí el domingo y se fue muy contenta al trabajo.
—Miren, no me pidan explicaciones, solo vengo a notificar.
Adelaida sentía palidecer, y casi desmayada al lado de su marido trató de preguntarle:
—¿Cómo hacemos para ir a verla... dónde la tienen?
—Lo siento, ya se enterró, se hizo inmediatamente atendiendo los protocolos establecidos para esta enfermedad, no pueden hacer nada.
Del folder extrajo un papel y se los entregó, rápidamente subió de nuevo al vehículo y se alejó.
Aquellos humildes campesinos no podían comprender lo que pasaba, ellos solo sabían de su dolor y su llanto.
Sin comprender la emergencia en que se encontraba el país, los dos se encaminaron a la ciudad para investigar

su pena, pero repentinamente, ella cayó en aquel camino real, víctima de un ataque de respiración, muriendo en los brazos del hombre a quien le había entregado toda su vida.

      La Aurora seguía con su temido canto sostenida en los cercos del camino, mientras la gente dejaba escapar sus lamentos de lo que estaba ocurriendo.
Un hombre, cabizbajo y sin camisa, hablando solo y riéndose, camina sin rumbo por aquellos potreros del campo, que un día lo vieron nacer sano y frondoso como los sembradíos majestuosos que puedan darse por estas fértiles tierras; se detiene por momentos y retrocede sin ninguna explicación, saca su vieja dulzaina herencia de su abuelo y deja escapar una melodía triste por todo aquel sendero de dolor y miedo.
Una chucha seca y pulguienta le sigue sus pasos, donde quiera que vaya.
— Dicen que se ríe solo — murmuró un cipote que lo conoció.
— Vamos a ver vos
—Vamos pué.
La quebrada, río abajo, dejó escuchar un canto y en su canto se percibía un eco que parecía decir:
Dichoso fui… dichoso fui…dichoso fui…

EL ARTE Y YO EN TIEMPOS DE PANDEMIA EN EL SALVADOR

"Conserven con amor lo que tienen, disfruten la magia de la incertidumbre y sobre todo prepárense para enfrentar con gran valor y resiliencia lo que depare el futuro".

-Karen Silva-

La joven confinada…

¡Marzo de 2020! ¡Arrancando un año más! Jamás imaginé la tempestad que se avecinaba en poco tiempo…

Soy Karen Silva, mercadóloga y diseñadora gráfica de profesión; artista visual y gestora cultural por pasión. Para esas fechas, tenía pocas semanas de haber retornado al país de un viaje que realicé a la Ciudad de México, del cual fui participe de un encuentro de muralismo internacional que se llevó a cabo en la delegación Álvaro Obregón.

Tenía muchos proyectos en marcha, entre estos la programación de espectáculos escénicos en diferentes espacios teatrales del país, eventos corporativos y a la vez me encontraba planificando otros viajes al exterior para participar en exposiciones y encuentros de muralismo a nivel latinoamericano.

Todo parecía marchar bien, hasta que, de manera repentina, un 21 de marzo de 2020 me entere de la gran noticia… el presidente de nuestro país informo el inicio de la famosa cuarentena domiciliaria.

No comprendía porque razón y de tan súbita manera, me estaban arrebatando un derecho primordial, al que ningún ser humano se le debe violentar, como es: "LA LIBERTAD". Comencé a albergar esos sentimientos de desesperación y frustración que un ave debe concebir al momento de ser enjaulada.

Comprendí y valoré tantas cosas, que hasta entonces no había hecho...

Quede aislada totalmente, en una habitación que alquilaba para entonces. Fueron días eternos –por decirlo así-, no tanto porque la estadía fuese insoportable, es decir, siempre he disfrutado tener mi espacio propio y me place enormemente la exquisita compañía de la soledad. Lo que me provocaba ese síntoma de desesperación, era estar lejos de mis seres queridos, esa extraña sensación de no volverles a ver jamás... Pero tuve que agarrarme de agallas para enfrentar esa situación literalmente sola.

El tiempo fue avanzando, con el paso de los días, me fui diseñando rutinas con actividades diarias que enriquecieran mis conocimientos y me hicieran mejorar holísticamente como persona. Primordialmente, me dediqué a absorber conocimientos y a practicar rituales que sirvieron para fortalecer mi espiritualidad.

En el plano creativo, estuve muy activa creando universos paralelos compuestos de trazos, manchas y pinceladas de colores, inspirada bajo las melancólicas composiciones musicales de Abel Korzeniowski.

Con el tema "bienestar y salud", decidí intensificar los buenos hábitos alimenticios y de entrenamiento físico que me sirvió para fortalecer mi mente y cuerpo (y ha sido lo que indudablemente me ha mantenido sana hasta el día de hoy). Estuve paradójicamente más cerca de mi familia y amigos (por la vía virtual), gane una grandiosa amistad y, sobre todo; recupere a una maravillosa persona que pensé haber perdido.

Por otro lado, pasé por ciertos desprendimientos durante ese confinamiento. Es bien sabido que, en los momentos más difíciles es cuando pruebas de que madera están hechas las personas... yo viví en carne propia este dicho y pude descubrir por fortuna de la vida, quienes son las personas que siempre han estado y estarán para mí incondicionalmente...
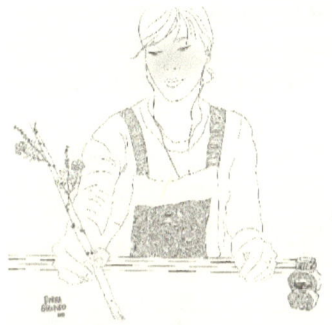
Creo que más que pérdidas o calamidades, la pandemia ha significado una segunda oportunidad para vivir plenamente al lado de los míos.

Además, aprendí a valorar más a mi familia, aprendí a tener un mayor acercamiento a las personas que me brindan su amor genuino, su apoyo, compañía y lealtad sin reservas. También, aprendí atesorar aquellas minúsculas cosas, como cuando alguien tiene el detalle de llevarte un combo de hamburguesas o unas pupusitas a la puerta de tu casa (por muy trivial que pueda sonar), salir a trotar al parque, comprar en el supermercado sin tanto estrés y temor por quedar desabastecida, a ver un amanecer, despertar por las mañanas con ese delicioso aroma a "pancakes" preparados por papá, a pintar al aire libre y, sobre todo, a dar un cálido abrazo a un ser querido.

En conclusión, hasta el día de ahora, estoy agradecida por lo que pasé, sé que no fue del todo grato, pero eso me permitió tomarme un espacio para pensar, meditar, valorar.

Esto aún no ha terminado, podría decirse que estamos viviendo un proceso de cambio, lo único seguro y constante de la vida.

Mi consejo para ustedes después de todo, es que conserven con amor lo que tienen, disfruten la magia de la incertidumbre y sobre todo prepárense para enfrentar con gran valor y resiliencia lo que depare el futuro.
Espero que este relato, sirva de inspiración para alguien.

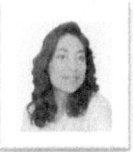

A CERCA DE LA AUTORA E IMPULSADORA DE ESTE PROYECTO EDITORIAL

Dacxilia Suleyma Deras de Zavaleta graduada de la carrera de Contaduría Pública de la Universidad de El Salvador, con estudios como artista visual, escritora, editora de contenidos, conferencista, locutora, manager community y filántropa. Originaria de Metapán, Santa Ana, El Salvador, 1978 y radicada en Nueva York, EE.UU.

Desde su juventud mostro aptitudes para las artes y la escritura creativa. Sin embargo, no fue sino hasta sus 35 años que decide retomar ese camino y realiza estudios en dibujo y pintura de forma autodidacta, así también, vuelve a escribir poesía y relatos cortos.

Es la primera de cuatro hijos de María Concepción Deras, de origen sencillo, quien se muda a la ciudad de Santa Ana para que pueda comenzar su vida escolar desde los 4 años.

Realiza la primaria en la Escuela Dr. Humberto Quinteros. Estudia su bachillerato en el Instituto Nacional de Santa Ana (INSA). Luego, mientras es estudiante en la Universidad de El Salvador se ve obligada por la dura situación económica de la familia a suspender sus estudios para retomarlos quince años después.

Durante ese tiempo conoce a su primera pareja de cuya unión nacen sus dos hijas Mónica y Georgina. Después de 12 años deciden separarse, en esta época es cuando Deras decide dar un cambio sustancioso a su vida y retoma sus labores creativas y artísticas de su juventud, también, culmina sus estudios universitarios.

Este proceso ayuda a la escritora a que comience a dedicar su vida a colaborar para mejorar el bienestar de su comunidad en el valle El Desagüe, a las orillas del Lago de Güija. Por lo que se involucra en diferentes comités sin fines de lucro. Tiempo después es reconocida como líder de su comunidad y puesta a cargo de varios proyectos de mayor importancia, pudiendo incluso lanzar sus propios programas de bienestar social con la colaboración de la diáspora salvadoreña radicada en Los Ángeles California. Nace entonces el programa de asistencia social y alimenticia "Canasta Básica" el cual es llevado a cabo con éxito en toda el área del Lago de Güija y alrededores de Metapán hasta la fecha.

Durante este tiempo de actividades de servicio social conoce al que ahora es su esposo David Zavaleta originario del mismo lugar, pero reside desde los 16 años en el Estado de Nueva York, dedicado también a la música y la escritura logran encontrar objetivos comunes y deciden iniciar una relación a distancia durante casi dos años contrayendo nupcias en el mes de diciembre del 2016. Se retira de los programas de asistencia social debido a la sobrecarga de trabajo lo que la lleva a enfrentar problemas de salud y debe de tomar un descanso para su recuperación.

Después de un tiempo decide dedicarse a adquirir nuevos conocimientos, en ese proceso recibe capacitación en locución durante 6 meses. También, en artes plásticas recibiendo mentoría en la técnica del dibujo y pintura al óleo con los reconocidos maestros y pintores Miguel Ángel Sermeño y Gilberto Arriaza quienes apoyan su desarrollo artístico al encontrar gran sentido intuitivo y destreza para el arte.

Además, recibe el Primer Premio a la Creatividad Artística, Alcaldía Municipal de Santa Ana en el 2018.

Por otra parte, la artista es llamada para colaborar ad-honorem en la enseñanza de dibujo y pintura en talleres impartidos bajo la dirección del Movimiento De Artistas de Santa Ana (MASAL) que son avalados por el Ministerio de Educación Regional Santa Ana. También, la escritora participa y obtiene un lugar en el festival literario "Luz de Luna" Editorial Diversidad Literaria. España 2017, siendo este su primer galardón en poesía.

Además, produce su primer poemario que fue publicado en el 2019 "Sentimientos en Silabas" 1ª. Edición. Así mismo, participa en diferentes antologías como "Amigos entre Letras" de Editorial Arando Letras, México 2018 y "Versos entre Orquídeas" 2019 de editorial Artesano Editores El Salvador.

Por otra parte, se siente motivada por la poesía, dicho acontecimiento, la marca como poeta y, desemboca en la producción de su segundo poemario "Equinoccio" 2020 1ª. Edición bajo el sello de la editorial Letras al Aire de San Salvador. También, en esa época conoce a la maestra de música Marina García, quien se vuelve su mentora personal y de sus hijas para el aprendizaje de la música, motivándola a recibir clases formales en la Alcaldía de Santa Ana en estudios básicos en solfeo e implementación de instrumentos musicales, especialmente violín y canto.

Además, Dacxilia es incluida en la obra "Rostros de la Literatura de El Salvador" por el maestro y autor Atilio Munguía, San Salvador 2018 a través del Proyecto Cultural Sur del cual es miembro en esa fecha. También, tiempo después decide junto a otros compañeros en las artes fundar una asociación en pro del arte de Santa Ana, llamando al proyecto "Casa del Artista" cuyo objetivo era funcionar como una escuela y espacio inclusivo para promover el arte y la cultura. Este, no tuvo mayor alcance por diversas razones de auto sostenimiento se vieron en la determinación de cancelarlo.

Por otra parte, Dacxilia y sus hijas en ya esa época tenían ya agendado un viaje en puerta a finales del 2019, donde se reunirían con su esposo para residir definitivamente en el estado de Nueva York hasta la fecha.

En el inicio de esta nueva aventura en su vida, Dacxilia, ya en tierras extranjeras decide continuar con sus estudios artísticos. Este proceso, la lleva a incursiona en el mundo de la edición y creación de contenidos digitales. Para eso, realiza estudios de Diseño de patrones repetitivos para superficies de textiles con Ana Sanfelippo, catedrática de la Universidad de la Plata, Argentina, 2020 y estudios en redacción y edición de contenido para plataformas digitales, Redactium, Madrid España entre otros.

Ahora bien, se ha denotado que Dacxilia ha dedicado gran parte de su vida al arte que le ha traído como un premio merecido ser directora de la sección editorial de arte y literatura del periódico digital El

Norteño News convirtiéndose en una representante de la diáspora salvadoreña. Además, la artista es emprendedora y fundadora de diversos programas comunitarios de bienestar social. También, se ha convertido en una ferviente fomentadora del arte y la cultura con exposiciones artísticas en dibujo y pintura a nivel nacional e internacional, exponiendo en diversos lugares, tales como: Michigan, Estados Unidos 2020.

Por otra parte, Dacxilia ha realizado exposiciones de su obra artística en El Salvador y Estados Unidos, destacando sus series Music Make Painting, Currents and Labyrinths y Quarantine's Landscapes. En lo personal, ha llevado sus experiencias a la formación y aplicación del arte como entidad sanadora del alma y del cuerpo por lo que también es instructora de terapia en artes creativas. Actualmente dirige su propio estudio de bellas artes, y es la fundadora de la editorial independiente Empire Books Editions en el condado de Queens, Nueva York. Corresponsal y directora de la columna de Arte y Literatura del periódico digital ENNewssv.com y emprendedora de su propia marca como Manager Community. Ha impartido ponencias académicas para la Universidad Tecnológica de El Salvador (UTEC) y ha tenido mención en diferentes medios periodísticos impresos y revistas literarias digitales.

EL ARTE Y YO EN TIEMPOS DE PANDEMIA EN EL SALVADOR

ACERCA DE LOS COAUTORES

ROSA EVELIA MORALES

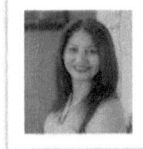

Docente, pintora, artesana y escritora. Nueva Concepción Chalatenango El Salvador. Impulsadora del arte urbano, con temas para fomentar los orígenes culturales del pueblo salvadoreño. Promotora del idioma Nawat pipil.

EVY ANALYN ULLOA

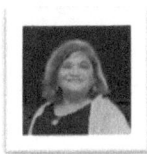

Instructora de artes, florista, artesana, pintora y decoradora amante de la creatividad y las artes en general.

De origen salvadoreña y estadounidense,1968. Destacada en la labor de enseñanza del dibujo, pintura, y manualidades en reciclado a niños y jóvenes.

PATRICIA SARAÍ HERNÁNDEZ LOVOS

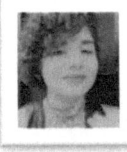

Periodista y escritora, nace en 1991, El Salvador. Con estudios en fotografía. Ganadora en 2019 de primera mención honorifica en juegos florares con la obra "Aliento de Cachorro".

MARÍA MERCEDES NAVARRO MARTÍNEZ

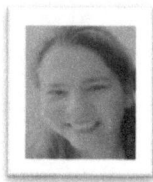
Docente, escritora de poesía, actriz de teatro en las técnicas de pantomima y títeres. Originaria de Santa Ana, El Salvador, 1994. Obtuvo sus primeros reconocimientos en poesía en el año 2007.

FRANCISCO ARTURO ALARCÓN

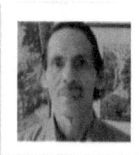
Sociólogo, docente de Ciencias Sociales. Bachiller en Artes, con un Postgrado en la Universidad de Chile, originario de Santa Ana, El Salvador 1959. Becado por la OEA en la Universidad de Costa Rica en Cromoxilografía.

MARINA GARCÍA

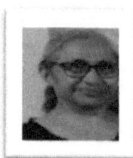
Docente y artista destacada y formada en la música desde hace veintiocho años. Originaria de Santa Ana, El Salvador. Alumna de extensión en el CENAR durante tres años y miembro de Orquesta Filarmónica del mismo.

ROXANA BAIRES

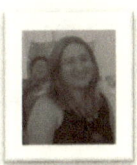
Arista plástica, actriz y guionista. Conocida como Tuty Baires, salvadoreña 1976. Destacada muralista en 1998. Actriz de reparto para varias universidades. Ha trabajado con la niñez en instituciones de desarrollo integral. Facilitadora de teatro para diversas instituciones educativas. Destacada labor pictórica.

OSCAR PÉREZ MÉNDEZ

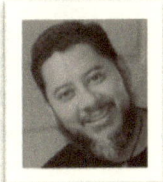
Artista visual, Originario de San Salvador, El Salvador. Ha realizado múltiples exposiciones colectivas e individuales tanto dentro como fuera del país. Destacando en X Bienal Centroamericana, Proyecto Monstruo, Museo MARTE, finalista Bienal Arte en Resistencia, Guatemala.

IRIS GABRIELA GONZÁLEZ

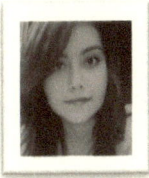
Artista visual, destacada retratista. De Santa Ana, El Salvador. Estudiante de la carrera de Mercadeo. Con estudios en dibujo y pintura realizados en el Centro de Artes de Occidente (CAO).

ANA RIVERA

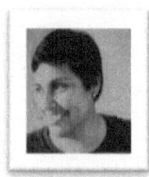

Ingeniera Industrial, escritora, actriz de teatro y defensora de los derechos de la Mujer. San Salvador, 1983. Creadora de varios performances entre ellos "Sujeción y Rescate" y "Silencio", con un mensaje de denuncia por las injusticias y maltratos a las niñas y mujeres salvadoreñas.

DAVID ESCALANTE ROSALES

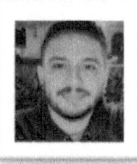

Artista e instructor del teñido en añil y otros tintes naturales, diseñador de moda. Originario de Chalchuapa. Hijo de padre salvadoreño y madre guatemalteca 1988. Lanza su primera colección de ropa en el 2019.

MIGUEL QUEVEDO LÓPEZ

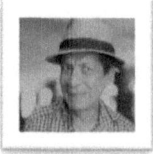

Contador de profesión, con algunos estudios como artista plástico, originario de San Salvador, El Salvador. Con formación a través de varios talleres de dibujo y pintura impartidos por el CENAR, Casa de la Cultura, Promocultura, Universidad de El Salvador y otros.

MIGUEL ÁNGEL SERMEÑO

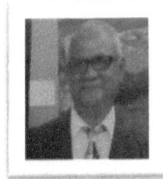

Artista pintor y escritor. Originario de Santa Ana, El Salvador. Con estudios de arte en Museo de Arte Moderno (MOMA) y Museo Metropolitano de Nueva York. Participación en diversas ponencias de arte. Múltiples exposiciones fuera y dentro del país.

WILLIAM ALEXANDER CHÁVEZ ORELLANA

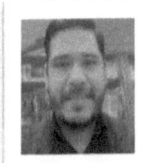

Bibliotecólogo y escritor, originario de Santa Ana, 1985. Ganador dos años consecutivos (2016, 2017) del Festival Internacional de Arte y Literatura de Santa Ana, en las ramas de Dibujo y Poesía. Destacada participación en otros proyectos literarios

LUIS FERNANDO MANCÍA

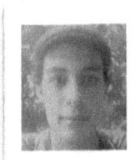

Actor de teatro, escritor, emprendedor. Originario de Santa Ana, El Salvador. Ha protagonizado varias obras de teatro a nivel nacional. Con participación en diversos festivales de arte y cultura. Instructor de teatro en Centro de Arte de Occidente (CAO).

SOFIA LIZET PADILLA RODRÍGUEZ

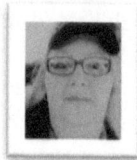

Emprendedora, artesana, y escritora emergente. Originaria de San Salvador, 1970. Bachiller, con estudios en manejo de máquinas industriales. Con estudios en tejidos como el crochet y bisutería general. Lanza su primer emprendimiento con el cual representa a El Salvador en la Feria Trinacional de Esquipulas.

DINORA SEGUNDO

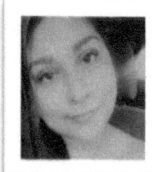

Artista visual, originaria de Juayúa, Sonsonate, El Salvador, 1982. Fundadora del colectivo Simbiosis 2017. Represento a El Salvador en el XXVII Salón del Arte Femenino de Centro América y el Caribe. Ponente de diversos talleres de pintura. Exposiciones a nivel nacional e internacional.

MARINA ISABEL SIGÜENZA

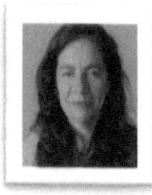

Editora de contenidos, escritora, poeta, locutora y gestora cultural. Originaria de Apaneca, Ahuachapán, El Salvador. Fundadora de Editorial Letras al Aire por medio de la cual impulsa el trabajo de escritores emergentes a nivel local e internacional. Emprendedora y gestora del arte y la cultura.

SANTIAGO VÁSQUEZ

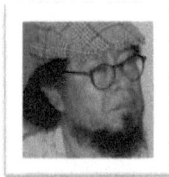
Docente, locutor, escritor y poeta. Originario de Ahuachapán, El Salvador 1761. Ha publicado poesía, cuento y ensayo en diferentes antologías y el Suplemento Cultural Tres mil de diario Co Latino. Acreedor de varios reconocimientos dentro y fuera del país.

KAREN SILVA

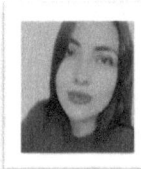
Artista Visual, diseñadora gráfica, gestora cultural, con desarrollo artístico integral. Originaria de San Salvador, 1990. Seleccionada como la artista joven revelación, para exponer en la convención de Fabriano In Acquarello en Milán Italia 2019. Participaciones en diferentes espacios artísticos a nivel local e internacional.

TRES POEMAS PARA RECORDAR

Por Dacxilia S. Deras

¿QUIÉN ENTIENDE AL POETA? *

*Solo el viento, la lejanía, el sufrimiento, los mares, el silencio
la sonrisa de un niño, la mirada cansada de un anciano,
un ocaso, un pájaro en vuelo arriba de las montañas
o en una fuente en el patio de tu casa.*

*El amante del dolor por un amor que no crece
el soñador de grandes hazañas en su apagada tierra,
la madre a la orilla del río a brazos alzados buscando a su hijo.*

*El abuelo sentado en la entrada de aquella casa vieja
con el bastón a un lado y la soledad al otro.*

*Poeta dime ¿quién te entiende?
¿es acaso el ruido del caos, del temor, de la sangre?
¿es acaso el fanatismo, los egos, los infortunios?*

*Porque no solo el que sabe de amores entiende a un poeta,
también aquel que saborea el alma adolorida,
 encriptada en emociones
por el correr del luto en el tiempo, la desdicha, la miseria.*

*Aquel que tiene un amanecer de oro,
 más no sabía de su gris atardecer
aquel que tiene hambre del que tiene gula,
aquel que detrás de una celda pide justicia
a los que libres caminan con su mala conciencia.*

¿A quién le hablas poeta?

EL ARTE Y YO EN TIEMPOS DE PANDEMIA EN EL SALVADOR

¿Será a la muchedumbre embravecida de rencores?
¿Será a los muros y fronteras?
¿Sera a mí que hablas?
para embriagarme de tu sentir,
de tu dolor, así como de tu amor.

¿Qué quieres de mi poeta?
¿Deseas hacer vibrar las mentes?
¿Encender antorchas de sentimientos encontrados
resucitar sueños, hacer conciencia?

¿Deseas abrir los ojos de los cegados hombres y mujeres?
buscadores de tu esencia, de tu energía de tu valor.
Hazme sentir entonces mi querido poeta
los gritos de tus silenciosas letras.

LAMENTO EN LAS ORILLAS **

¿Qué ha sido de ti, mi lago de Güija?

¿Dónde están las cristalinas aguas,
donde mis pies de niña descansaron un día?
Allá al otro lado del cerro de mis antepasados.

¿Por qué ya no brillan como lentejuelas de diamante los rayos del
sol sobre tu cara?
Eran destellos a mis inocentes ojos y me llenaban de gozo.

¿Qué le ha pasado al vaivén de tus aguas,
que acariciaban el pasto verde de la orilla?,
Donde me gustaba caminar buscando obsidianas.

¿Acaso ya nadie ama tu remanso?
El cual das al pescador bajo el gran cielo celoso de ti.

¿Es que ya nadie recuerda tus misterios?
Los que nuestros ancianos contaban con lúcida pasión al final del
día.

¿Qué queda de ti?
Apenas respiras, apenas vives...
Muestras las respuestas a mis quejas,
dándome a tus hijos de plata... los que están muriendo,
y los expulsas a los hombres como una bofetada.

Con dolor y fétido olor reclamas lo que un día tuviste para darnos,
pero no apreciamos.

Ya tu color azulado y vívido no existe,

EL ARTE Y YO EN TIEMPOS DE PANDEMIA EN EL SALVADOR

solo queda lodo y desesperanza.

*Ahora llora el niño descalzo al lado de su padre y madre,
porque indefensos han quedado ante tu desfallecimiento.*

*Ahora la canoa y el remo están guardados en un rincón
porque ya no tienes nada que ofrecer.*

*Ahora aquella niña del cerro,
que se paraba en las inmensas rocas de rituales
 a ver tu esplendorosa anchura
y levantaba sus manos al sentir tu caricia en el viento...
también llora.*

*Pues hoy hasta la culebra
 que mordisqueaba los talones de las lavanderas de larga cabellera
negra se han escondido del veneno de tus aguas.*

*Los amantes clandestinos que juraban su amor bajo la luna
se han ido, pues ya no eres más su cobijo.*

*El amate del pedrero se ha quedado solo,
por qué el lago de aquellos tiempos se fue en el fluyente al mar, y
dejó solo recuerdos, historias y cuentos.*

*Ya no queda nada, casi nada de lo que un día fue la Perla de
Azacualpa, mi bello y añorado refugio de otros tiempos.*

EL ARTE Y YO EN TIEMPOS DE PANDEMIA EN EL SALVADOR

AFORTUNADA SOY***

Afortunada soy, de poder ver por mi ventana
el amanecer sobre mi ciudad en calma,
el sol sobre mi país El Salvador.

Afortunada de poder caminar a las orillas
de un lago apacible, y sentir el agua
acariciar mis pies cansados,
la belleza del Lago de Güija me deslumbra.

Afortunada soy, de poder alzar mi voz,
en las terrazas o kioscos y entonar una canción,
porque libre es mi canto.

Afortunada soy, de poder ir al campo,
y sentarme a ver el vaivén de los cañales
como si fueran púrpuras mares,
porque la campiña de mi país aún ¡está viva!

Afortunada de escuchar el canto de los pericos,
al pasar sobre la catedral, en búsqueda del árbol
que les da cobijo, al toque de las seis es un
espectáculo de figuras en el cielo.

Afortunada de poder ver el juego de los niños,
que aún en su inocencia,
no conocen de prejuicios y egoísmos.
El bullicio de los jóvenes al alba es un eco de sueños.

Afortunada de escuchar el saludo matutino de la
señora que vende arduamente su pan
 en la esquina de mi calle,

EL ARTE Y YO EN TIEMPOS DE PANDEMIA EN EL SALVADOR

las mujeres de mi país son el alma de cualquier revolución.

Afortunada de poder aprender lo que me gusta,
hacer con mis manos independientes, mi propia lucha,
hay sueños forjándose y construyo los fundamentos de mi
descendencia.

Afortunada soy, porque puedo hacer del arte mi vida y crear
una póstuma huella, entre lienzos y poemas
conocerán mis ideales y manías.

Afortunada de poder llevar mi cabello sumiso al viento,
y renunciar al desaliento y al apego.

Afortunada de poder dirigir mis pasos a la montaña imposible o
hacia la playa dorada del oriente,
mi tierra es una cuna de paisajes
con antagonismo de colores.

La fortuna la tengo al ver el azul del cielo,
el torogoz en vuelo,
sentir el dulce aroma de las moliendas,
el caballo galopando a campo abierto.

Feliz soy, al reflejarme en la mirada fiel de mi perro finquero, al
poder alzar los brazos allá en la cumbre del cerro que adorna el
paisaje atrás de mi cantoncito.

Si porque a pesar de que la sangre alimenta
las raíces del maquilishüat,
y los escasos manglares de la costa mueren,
albergo la esperanza de que las cosas buenas que aún tenemos
serán un impulso para seguir

EL ARTE Y YO EN TIEMPOS DE PANDEMIA EN EL SALVADOR

luchando para las generaciones presentes.

¡Afortunada Soy, por haber nacido en mi tierra El Salvador ¡

---

*Leído por primera vez en un festival cultural en el centro Escolar Las Mercedes, Coatepeque, Santa Ana en el año 2018. Poemario "Sentimientos en Silabas" 2019.

** Leído por primera vez en el festival cultural en las instalaciones del Ministerio de Educación Regional de Santa Ana. Octubre 2018. Poemario "Equinoccio" sección Elegias a mi tierra 2020.

***Leído por primera vez en una presentación poética en la Facultad Multidisciplinaria de Occidente, el 05 de abril de 2019.Poemario "Equinoccio" sección Elegias a mi Tierra.

ALGUNAS RESEÑAS DE LECTORES Y PARTICIPANTES DE PRIMERA EDICIÓN

"Es verdaderamente interesante leer las vivencias de artistas que al igual que yo, nos tuvimos que amparar bajo el Altísimo y sumergirnos en el arte"
–Evy Analyn Ulloa, junio 2021.

"Es fantástico, me siento honrado al ser parte de tan histórico legado a las futuras generaciones"
–Miguel Ángel Sermeño, junio 2021.

"Gracias por permitir compartir con esta obra bibliográfica nuestras experiencias como artistas en tiempos de Covid" – Francisco Alarcón, junio 2021

"Gracias por no rendirte… y sacar a flote este proyecto y sobre todo gracias por tomarme en cuenta"
– William Chávez, junio 2021.

"En cuanto lo tuve en mis manos quería leerlo. Leí el rescate a la princesa Mónica me encanto la narración y me quede con la sensación de un final feliz, realmente como un cuento de princesas" – Rosa Morales, junio 2021.

"Mas que feliz, agradecido. Ojalá todos podamos tener este magnífico recuerdo de lo que nos tocó ante esa dura prueba"
–Miguel Quevedo, junio 2021.

"Será un verdadero legado para el mundo, un aporte a la memoria colectiva de un momento histórico de la humanidad." –Santiago Vásquez, junio 2021.

"Excelsos escritos" –Rubén Villacorta. Agosto 2021.

"Me encanta apoyar alternativas como esta, que llevan al emprendimiento artístico" – Karen Silva, septiembre 2021.

TAMBIÉN EN **Retro Español**

CONFESIONES. PASIÓN POR UN AMOR LEJANO de Dacxilia Deras

Declaraciones amorosas y apasionadas cuidadosamente elaboradas para expresar con palabras lo que la piel grita sobre tentaciones en las que se ven atrapados todos aquellos amantes que por alguna razón su amor es más fuerte que la distancia y el tiempo. Expresión de la pasión dulcemente abrazada con la ternura, en una balanza entre la cordura y la razón por un amor ausente pero presente, cultivado en la distancia y a la espera de un reencuentro.
Poesía-9798838168788

101 POEMAS DE AMOR ESCRITOS EN 20 DÍAS de Luis Mario Arana

Manifestación poética del interior durante un éxtasis desmedido en corto tiempo dominado por la apremiante búsqueda, espera y disfrute del Ser amado. El autor nos lleva al campo de batalla donde se ejecuta una lucha entre la pasión y la razón entre amantes retados por las prohibiciones sociales.
Poesía-9798847758987

Retro Español
www.geditionsmultimedia.com

www.ingramcontent.com/pod-product-compliance
Lightning Source LLC
Chambersburg PA
CBHW020657220526
45464CB00001B/472